# A MÃE POSSÍVEL



GROUND
livros para uma nova consciência

CARMINHA LEVY e LAURA BACELLAR

# A MÃE POSSÍVEL

## Os caminhos do xamanismo para dissolver a culpa da mãe que não é perfeita

Editora Ground

*Revisão:* Antonieta Canelas
*Capa:* Niky Venâncio
*Editoração eletrônica:* Spress Diagramação e Design

CIP-BRASIL.CATALOGAÇÃO-NA-FONTE
SINDICATO NACIONAL DOS EDITORES DE LIVROS, RJ

L651m

Levy, Carminha
A mãe possível : os caminhos do xamanismo para dissolver a culpa da mãe que não é perfeita / Carminha Levy e Laura Bacellar. - São Paulo : Ground, 2010.
184p.

Inclui bibliografia
ISBN 978-85-7187-220-2

1. Xamanismo. 2. Mães e filhos. 3. Amor materno. 4. Culpa. I. Bacellar, Laura. II. Título.

10-3018. CDD: 201.440852
CDU: 265.055.26
28.06.10 08.07.10 020033



*Vendas e distribuição:*
Rua Hélade, 125 G / Jardim Brasil
04634-000 São Paulo/SP
Tels.: (11) 5031-1500 / (11) 3571-4655
vendas@ground.com.br / www.ground.com.br

*A minha filha Cristiana Pradel, que é a própria mãe possível.*
Carminha Levy

*À Mãe Terra, que nos alimenta em beleza, e à Mãe Cósmica, que enche nosso coração de amor e luz.*
Laura Bacellar

# SUMÁRIO


Introdução – O neo-xamanismo ........ 9

1. A mãe culpada ........ 15
2. O filho problema ........ 35
3. Competição entre o casal ........ 51
4. Construção da parceria ........ 67
5. Estabelecendo limites ........ 79
6. A mãe solteira ........ 89
7. A gravidez inesperada ........ 105
8. A avó-mãe ........ 117
9. O círculo da parceria ........ 127
10. A mãe adolescente ........ 137
11. A mãe lésbica ........ 149

Conclusão – A força da mulher possível ........ 167

Índice de exercícios ........ 173

Nossas viagens para a construção do livro ........ 177

Bibliografia comentada ........ 178

Sobre as autoras ........ 180

# INTRODUÇÃO

## O neo-xamanismo

Xamanismo é uma palavra que se refere a muitas coisas diferentes, algumas até mesmo de aspecto bizarro. Quando se fala sobre xamãs, muita gente pensa em índios dançando em volta de uma fogueira, um pagé soltando fumaça pelo cachimbo ou grupos fazendo meditação no alto de uma montanha. Um cd de música xamânica pode ter batidas de tambor, o som de tigelas tibetanas, mantras ao som de rock, o toque de didgeridoo e mais um monte de gêneros musicais. Xamanismo chega a ser como massa de pizza, combinada com uma infinidade de coberturas.

Como então explicar uma prática que é tão antiga e ao mesmo tempo tão na moda em países os mais diferentes? O que uma leitora brasileira tem a ver com índios norte-americanos ou do Xingu? Aprender xamanismo é fazer pajelança? Essa gente toda entra em transe tomando jurema ou ayahuasca ou peiote?

Sim e não. Tudo é possível, mas não é de forma alguma necessário que um habitante de cidade grande se pinte como índio nem que necessite de plantas psicoativas para praticar xamanismo.

Essa é uma prática ancestral, anterior a todas as civilizações, e por isso vem acompanhada de tantos rituais próximos da natureza, como acender uma fogueira em torno da qual um grupo se reúne. Nossos antepassados sem dúvida fizeram isso muitas e muitas vezes, marcando nossa memória genética com a associação entre fogo e clareza, foco das atenções, centro do círculo em torno do qual se podiam resolver os problemas do grupo. Os índios atuais apenas mantiveram as tradições xamânicas que na verdade fazem parte do passado de todos nós, e que no momento estão sendo resgatadas e colocadas em uso de uma maneira nova, adaptada às cidades.

É por isso que encontramos xamanismo misturado a tantas culturas de países diferentes.

## *O xamanismo usa símbolos*

O que se nota quando se acompanham os rituais de comunidades que não praticam religiões institucionalizadas, como por exemplo os índios brasileiros, é que muitas das práticas são de ligação deliberada com algo maior do que o humano. Apesar da visão estereotipada comum na cultura ocidental a respeito de comunidades primitivas, o que antropólogos já observaram vezes sem conta é que nativos da Sibéria, moradores das ilhas da Polinésia, maoris, inuítes (os indígenas esquimós), lapões que moram acima do círculo polar ártico, descendentes de incas, os ona da Terra do Fogo, os aborígines da Austrália, todos tinham e ainda mantêm práticas de contato com o além do humano – o sagrado – através de símbolos. Não é verdade que considerem o vento ou a chuva deuses a serem adorados, mas sim que prestem atenção às forças da natureza como a voz da Divindade, como palavras que eles procuram entender.

As comunidades tradicionais, assim, mantêm formas mais instintuais de se relacionar com a natureza, não tão baseadas no intelecto como as desenvolvidas através das grandes religiões modernas. Mircea Eliade, no cuidadoso levantamento intitulado *Xamanismo – técnicas arcaicas de êxtase*, aponta para o uso complexo de símbolos nas práticas de povos ao redor do mundo. O que há em comum entre elas é a entrada em um estado alterado de consciência – o transe xamânico – e a interação com os mesmos grandes símbolos. Aparentemente, depois que se passa pela porta que se abre para outra realidade, o que se encontra do outro lado é semelhante, seja a pessoa de que cultura for.

Por exemplo, tanto na Terra do Fogo quanto na Lapônia os xamãs falam de três mundos nos quais eles transitam: o do meio é o nosso, onde vivemos todos. O superior é a região dos mestres e guias iluminados, que enviam mensagens e fazem curas. O profundo é o mundo dos animais e dos seres das entranhas da terra, que também proporcionam curas e indicam caminhos. O xamã entra e sai dessas diferentes regiões para resolver conflitos da comunidade, problemas de saúde, resgatar pessoas perdidas e dar conselhos a quem peça.

A forma tradicional de entrar nessa realidade é pelas batidas ritmadas de um tambor. O toque repetitivo repercute no cérebro de quem ouve e provoca um transe leve, o tal estado alterado de consciência de que falamos. Por essa razão, o tambor é chamado em muitas culturas de "cavalo do xamã", uma vez que permite a viagem a esses outros mundos não visíveis para os olhos comuns.

Isso tudo pode parecer esquisito para quem está sentada numa sala distante da Lapônia ou da Austrália, mas o interessante do xamanismo é que funciona de maneira direta: se você colocar um cd de toque de tambor ou mesmo bater ritmadamente um tambor, entrará num estado de transe leve. Não é a toa que há um gênero musical chamado *trance music*, de batida muito marcada.

### *A intenção clara*

Entrar num leve transe, no entanto, não é tudo, senão qualquer danceteria ou *rave* seria um centro de xamanismo. O xamã não se deixa levar, mas viaja para estados alterados de consciência com uma intenção muito clara do que deseja alcançar. Ele abre a porta da outra realidade com um pedido muito bem delineado na mente, vai até lá buscar o que precisa, agradece e volta. Não há turismo nessa viagem, apesar de esses passeios pelo inconsciente poderem ser muito bonitos ou divertidos.

Isso funciona tanto lá nos Andes quanto numa cidade brasileira, tanto para alguém que passou a vida sendo treinado para isso quanto alguém que se arrisque a seguir os passos explicados nesse livro. A intenção de entrar em outra realidade e ver o que acontece à nossa volta de outro modo é a mola propulsora dessas viagens.

### *Mudança da forma usual de pensar e agir*

O xamanismo é mágico em um aspecto, porque faz as coisas acontecerem fora das leis de causa e efeito. Uma pessoa relaxa em seu sofá ouvindo tambor, vê algumas cenas na sua imaginação e – catapimba! – sem explicação lógica, de repente algo muda nos acontecimentos do mundo "real". Ou não tão de repente, com sutileza, toda a energia que governava a interação entre as pessoas envolvidas se modifica.

Só quem experimenta e presta atenção pode acreditar, por isso não vamos ficar descrevendo "milagres" aqui. Apenas dizemos que é essa a forma como as viagens xamânicas agem: o xamã faz algo no mundo simbólico e o mundo real reage em consequência.

Carl Gustav Jung, o famoso psiquiatra criador da psicologia analítica, já apontava para o poder dos símbolos do inconsciente profundo, chamando-os de "máquinas transformadoras da realidade". É exatamente isso que um praticante de xamanismo faz — transforma a realidade a partir dos símbolos.

### *Não é religião*

Apesar de propiciar o contato com figuras poderosas do sagrado, válidas para toda a humanidade, como por exemplo anjos, o xamanismo não é uma prática religiosa institucionalizada. Para quem gosta de liberdade, é perfeito. Não há culto, os mestres são apenas aqueles que encontramos na nossa imaginação ativa, não há gurus ou livros sagrados, nem instruções escritas em pedra. O xamanismo é uma interação muito viva e dinâmica com figuras que respondem, mostram-se, falam conosco – e que estão dentro de nós, no nosso inconsciente profundo.

Exatamente por isso, quando buscamos a cura ou a resolução de problemas pelo xamanismo, não depositamos confiança em nada externo. Ninguém virá nos salvar ou guiar ou dizer o que é certo. Nós descobrimos o que é melhor para nós mesmas em cada circunstância dentro de nós, entrando em contato com nosso mestre e curador interno. O xamanismo é a prática mais democrática que existe, porque pressupõe que cada um que queira – que assim estabeleça com intenção clara – pode entrar em contato com o sagrado e o curador.

### *Novo relacionamento com o mundo*

O xamanismo mantém nos dias de hoje o respeito que nossos antepassados nutriam pela Natureza. Nossos ancestrais passaram muitos anos pedindo e agradecendo as bênçãos recebidas da Mãe Terra, antes de adotarem os maus modos modernos de achar que têm direito de extrair o que quiserem do planeta. Quando o contato com a Natureza era considerado sagrado, a Terra era vista como um ser vivo, que nos dava tudo o que precisávamos e recebia nosso amor. Hoje nos distanciamos dessa postura e como consequência dilapidamos o maravilhoso planeta em que habitamos, com os resultados que já estamos sentindo.

A prática do xamanismo nos coloca de volta próximas dessas forças, ouvindo os ventos, os animais, o sol. Abrir a nossa imaginação a essa comunicação não-humana nos torna mais conscientes para tudo o que já acontece em nossa volta. O respeito torna-se inevitável, porque a Mãe Terra está viva e nos ouve e fala conosco.

### *Novo relacionamento conosco mesmas*

A prática do xamanismo leva a uma nova forma de pensar. Em vez da lógica cartesiana que rege a maior parte dos conhecimentos modernos, nos abrimos para o instinto e para a percepção de sutilezas. Em vez do pensamento, exercitamos a imaginação, uma força muito mais poderosa, que nos leva a soluções criativas. Em vez de uma coisa depois da outra, causa e efeito no tempo que conhecemos, começamos a experimentar as coincidências, o que Jung chamou de sincronicidade.

E prestamos atenção a nós mesmas. O xamanismo ajuda a descobrir a sabedoria dentro de nós enterrada lá no inconsciente. A ouvir o que o corpo realmente pede, a dar pausas e conceder tempo para a introspecção. Deixamos de nos ver como máquinas de produtividade sempre abaixo do desejável e passamos a nos enxergar como seres humanos.

O xamanismo nos ensina a ver e respeitar nossas limitações, as dos outros e as do planeta. Esse respeito básico pela vida começando por nós mesmas vai permeando nossas relações e acalmando as trocas nervosas e raivosas tão comuns na pressa e na exigência do dia a dia.

Praticamos um novo tipo de ecologia interna, que se reflete fora e melhora todos os relacionamentos.

### *Xamanismo matricial*

O xamanismo tem muitas formas e práticas, todas válidas. A primeira lição que você vai receber de nós então é: faça apenas o que a deixar confortável. Explore os limites do seu medo, coloque-se em situações novas, mas sempre dentro do que o seu coração pede.

Essa é uma das principais formas de atuação do xamanismo matricial, a linha que nós, autoras desse livro, seguimos e que foi organizada na atualidade por Carminha Levy. O xamanismo tem um lado iniciático bruto, cheio de provações, que você pode encontrar por aí mas não aqui nesse livro. Esta obra segue o coração, o acolhimento da Grande Mãe.

A sabedoria pode vir do amor e ser encontrada em meio a experiências suaves, de apoio e parceria. Nós não acreditamos que seja preciso sofrer para se aprofundar no autoconhecimento nem para resolver os problemas de todos os dias. Os sofrimentos já aparecem sem irmos atrás deles, para que procurar mais?

Nesse livro você vai encontrar um xamanismo adaptado para a vida de hoje nas cidades, no estresse, na rotina. Propomos soluções que possam ser encaixadas num tipo de vida comum. E, mais ainda, esperando que cada leitora desperte a compaixão por si mesma e comece a se tratar bem. O maior problema das mães de hoje é não se verem nem ouvirem nem tratarem como seres humanos. Esperam ser mães perfeitas.

Como já dizia Jung, "o importante não é ser perfeito, mas ser inteiro". Seres humanos nunca são perfeitos e é esse nosso ponto de partida para essa obra: a mãe possível.

# 1 A mãe culpada

O despertador toca e Aline suspira pensando em todas as coisas que tem que fazer aquele dia. Ela gostaria que o dia tivesse 36 horas para conseguir fazer tudo o que precisa. Acorda as três crianças e chama o marido para levantar.

Ela vai precisar dar o café da manhã a todos e garantir que Júnior não esqueça o lanche como ontem. Precisa olhar se o uniforme da Camila está limpo, escrever um comunicado para a professora pedindo permissão para que libere a menina mais cedo para ir ao médico, e preparar Luizinho para a creche. Precisa trocar as fraldas, separar a roupa que ele vai usar durante o dia e não esquecer os remédios de homeopatia para a rinite do menino.

Aline volta para o quarto para pedir ajuda ao marido, mas Pedro continua dormindo profundamente.

"Ah, meu quarto filho", pensa ela. Dá-lhe uma boa sacudida e grita baixinho: "Socorro, ajude!", mas ele não se mexe.

Aline gostaria que um batalhão de gente aparecesse para ajudá-la. Ou pelo menos uma tia ou duas...

– Mãe, Júnior pegou meu lanche! – grita Camila já começando a chorar e a fazer birra.

Aline olha e vê que de fato seu filho mais velho, de nove anos, pegou a lancheira da irmã e a está escondendo atrás de si, provocando a menina.

Aline perde a paciência e sai estapeando os dois onde a mão alcança e grita: – Páááara!!! Não é possível que eles não percebam que já estão todos atrasados!

Todos começam a chorar, os dois que apanharam e Luizinho fazendo coro.

Pedro finalmente sai do quarto e diz com mau humor: – Você é muito impaciente! Está com tpm? Isso é jeito de tratar as crianças?

Aline olha para Luizinho, de apenas dois anos, com a carinha toda suja de lágrimas e ranho, ainda assustado com seus gritos. Ela sente de repente que ele é muito pequeno, que depende totalmente dela. Pensa que não tem o direito de se descontrolar e fazer aquele menininho ficar tão desamparado.

Bate uma culpa imensa. Aline sai de casa atrasada, carregando o mundo nas costas e sentindo-se uma incompetente.

De cabelo meio desgrenhado, pensa que hoje vai ser mais um dia impossível de ir à academia por conta do médico da Camila, vai ter que correr muito no serviço para terminar o trabalho que o chefe pediu para hoje antes das quatro da tarde. Seu estômago fica contraído quando pensa que o chefe se irrita e fica mais exigente toda vez que ela dá mostras de ter uma vida fora do trabalho, com filhos ainda por cima.

Torce para conseguir sair do médico em tempo para pegar o Júnior às cinco e meia e o Luizinho no berçário às seis e meia. Não vai poder pedir para o Pedro salvá-la porque ele já avisou que hoje fica fechando o relatório mensal do departamento até mais tarde.

Ela não entende por que fica tão irritada de manhã. Cuidar dos filhos não é tão difícil assim. Os três são ótimas crianças, saudáveis, bonitos. Aquele empurra-empurra é o normal de todos os dias, não sabe por que hoje saiu dando tapas. Podia ter machucado o Júnior e a Camila com seu anel.

Aline segue remoendo o sentimento de que falhou, de que não é uma boa mãe, de que não sente amor como deveria. Será que está mesmo com tpm permanente como o Pedro disse? Quando deixa Luizinho no berçário, seu coração fica apertado. Como ela pode deixá-lo ali e ir embora para o trabalho? Como pode ficar se preocupando com o chefe quando seu filho precisa tanto dela? Sente-se dividida. Seus filhos precisam dela, mas o trabalho é necessário. Sem o dinheiro que ganha, eles não poderiam pagar por boas escolas para todos os filhos, nem o clube, nem as aulas de natação e inglês.

### A ficção da mulher perfeita

O que acontece com Aline é a realidade de muitas e muitas mães. É comum que a mulher que trabalha fora de casa sinta culpa por não passar todos os minutos da sua vida cuidando dos filhos. Ao mesmo tempo, ela não consegue imaginar que seria feliz e realizada se fosse apenas uma mãe babá, entendendo que o trabalho profissional tem importância não só para a subsistência da família como para sua realização pessoal.

Aline comprou o pacote da mulher perfeita que nossa sociedade vende com tanto vigor. Nele estão incluídas as expectativas de que a mulher – a mesma mulher, note-se – seja uma mãe carinhosa, presente, capaz de criar situações de grande harmonia na família; que seja ao mesmo tempo uma esposa sensual, fiel, firme, companheira de todas as horas; que seja ainda uma mulher decidida, batalhadora, que vença a competição no ambiente de trabalho sem perder a sua feminilidade. O pacote ainda inclui ser bem-humorada, ter cuidado com o que diz para não ferir quem está em volta, e resolver toda a infinidade de pequenos problemas que surgem no cuidado da casa e da família como se não existissem e não tomassem tempo. Essa mulher perfeita descrita no pacote encontra tempo e energia também para cuidar de seu corpo e estar sempre magra, com a pele viçosa, os cabelos brilhantes e bem cortados, as roupas na moda e elegantes.

Esse pacote existe e é vendido todos os dias pelos anúncios na televisão, pelos comentários dos maridos e chefes, pelas revistas com fotos de mulheres sempre glamurosas, ilustrando o modelo a ser seguido. É um modelo impossível, como qualquer pessoa pode perceber se parar para analisar o conjunto das expectativas. Ninguém seria capaz de fazer tudo o que se espera de uma mãe ao mesmo tempo.

Mas as mulheres aceitam esse pacote. De alguma forma essas expectativas parecem corretas, parecem o certo para a mulher tentar seguir. A linha de ancestrais de cada uma de nós – nossas mães, nossas avós, nossas bisavós, as mulheres de quem ouvimos falar em nossas famílias – ecoam esses chamados à perfeição. As histórias que as mulheres de nosso sangue contam confirmam que devemos nos dedicar de corpo e alma à família. Temos que ser boas esposas e, acima de tudo, mães perfeitas. Dar sangue, suor, noites de sono, toda a nossa vida pelos nossos filhos. Nossas mães e avós nos dizem que essa é a nossa razão de existir.

Além dessa carga que é passada desde o berço, quase sem notarmos, existe um novo papel para a mulher, inventado justamente com as conquistas por igualdade em tempos mais recentes, que é o da mulher profissional e capaz de ganhar o próprio dinheiro. O poder financeiro torna-se possível para a mulher de hoje, o que não existia para nossas avós. Mas a exigência de ser perfeita no trabalho, competindo de igual para igual com os homens, não anula a exigência de ser mãe e esposa perfeita.

O nosso mundo hedonista inventou ainda a perfeição física, que passou a ser cobrada da mulher – e também dos homens em menor escala – com vigor implacável. A nova profissional não precisa apenas ser eficiente e sociável e ganhar bem, mas permanecer linda e sensual enquanto atende a essas demandas. Ou seja, ser mais uma vez perfeita.

Não é à toa que a mulher se sente culpada. Ela não dá conta de tarefas que entende como essenciais, como parte da vida. Ela vive no fosso que separa a realidade das expectativas, sem encontrar a saída. É natural que se desespere.

No corre-corre do dia de Aline, quando já levou Luizinho e está dirigindo para o trabalho, de repente um carro a fecha quase tirando lascas de sua dianteira e o motorista a xinga, ainda por cima. Ela breca em tempo cantando pneus, mas a adrenalina vai lá em cima, Aline começa a tremer e sente a testa ficar molhada. Encosta o carro num lugar proibido, as pernas tremendo, e de repente começa a chorar.

Soluça compulsivamente, sem conseguir parar, por uns bons dez minutos. O que está acontecendo com ela? Está ficando louca? Nem bateu o carro e está tendo essa crise toda?

Quando olha pelo espelho retrovisor, vê que a maquiagem ficou toda borrada, não dá para chegar assim no trabalho. Vão pensar que está no mínimo se divorciando! Olha em volta e se dá conta que parou no rebaixo de um café e livraria, que provavelmente tem um bom banheiro. Desce do carro e entra sem olhar para ninguém, para lavar o rosto e ficar mais apresentável. As pernas ainda estão meio moles e o estômago revirado.

Depois de um pouco recomposta, senta numa mesinha para tomar um café e comer um pão de queijo. E pensar um pouco sobre o que está acontecendo. Claro que toda aquela crise não foi resultado de uma mera falta de educação no trânsito, mas sim de um acúmulo de tensões. Ela não está sabendo conduzir sua vida, fica evidente.

Suspira e olha em volta. Vê um livro esquisito no *display* perto do balcão, com um título sobre mães e xamanismo. Está aí algo de que nunca ouviu falar, o que seria? Levanta e pega o volume, querendo dar uma olhada. São vários exercícios que prometem mudar sua consciência e a maneira de ver as coisas. Num impulso, Aline compra a obra.

## *A visão da águia*

O xamanismo é uma outra forma de olhar o mundo. Quando as coisas parecem definidas, sem alternativa, os xamãs entram num estado contemplativo que abre outras possibilidades.

Uma dessas formas é a do voo da águia.

A águia é uma ave de rapina que voa muito alto, talvez a que mais se aproxime do sol. Por conta disso, é respeitada em muitas tradições como um símbolo de grande poder, visão e força. Quando a águia está lá no alto, não só vê um largo panorama de toda a paisagem como é capaz de perceber até mínimos movimentos entre a vegetação aqui no chão. Enquanto voa, costuma não gastar muita energia, preferindo planar nas correntes de ar. No entanto, quando resolve que aquela sombra que se mexeu um pouco é um coelho que pode ser seu almoço, ela cai do céu como um raio, abatendo-se com uma precisão de milímetros sobre as costas da pobre presa. Com muita força fecha suas garras no animal e o mata em segundos.

Esse comportamento que a ave tem na natureza já foi observado por muitos povos nativos como algo que pode ser imitado por seres humanos.

Uma pessoa pode adotar a atitude de olhar a situação em que se encontra do alto, sem envolvimento emocional, apenas avaliando todos os fatores presentes. Esse olhar é uma atitude de distanciamento, de não-julgamento. É também uma posição livre dos limites que se impõem do chão. Numa situação de vida cotidiana, é a capacidade de não se limitar pelo pacote de expectativas, mas enxergar além dele.

A pessoa imitando a águia não fica apenas no panorama. Vamos lembrar que a ave caça com precisão e rapidez. Alguém exercitando essa visão deve procurar então o que é importante naquela enorme paisagem e decidir o momento de tomar uma atitude drástica. A visão da águia inclui assumir o poder de agir para selecionar e agarrar o que é importante.

Aline, para resolver a culpa que sente por não ser boa mãe, precisa olhar de cima. Com calma, com a cabeça fria da águia que paira lá nas nuvens, ela precisa avaliar que o pacote de expectativas que a sociedade lhe apresenta e vende e insiste com toda a sedução das mídias, e que sua mãe e avós confirmam, não é um conjunto possível. Ninguém seria capaz de fazer tudo aquilo junto. Nenhum ser humano, por mais inteligente e capaz e genial que seja, conseguiria ser ótima mãe e esposa e profissional e dona de casa ao mesmo tempo e ainda por cima manter um corpo jovem e lindo e atraente.

Só que, para chegar a esta compreensão, ela precisa antes voar.

Voar significa primeiro saber que ela é humana. Ter dificuldades faz parte da natureza humana. A perfeição não faz parte dessa natureza.

Aline precisa dar a si a permissão de ser humana, conhecer suas limitações e seus talentos. Precisa encontrar a si mesma.

**Exercício xamânico de criação de espaço de poder**

O primeiro passo desse exercício talvez pareça o mais difícil. Toda saída da realidade estressante para uma de visões alternativas exige uma parada, um momento calmo num espaço protegido.

Isso quer dizer que você precisa encontrar um momento para dedicar a si mesma, sem interrupções, barulhos, pessoas por perto ou outras interferências. Um período de dez minutos que seja nos quais você fique centrada em si mesma.

Nós sabemos que isso é complicado, mas o exercício já começa aqui, em você pensar em você mesma, em achar que pode fazer uma pausa e dedicar um tempo para você e não para seus filhos ou marido.

Escolha uma poltrona confortável ou deite-se num colchonete. Evite sua cama de casal ou a cama de qualquer de seus filhos por elas estarem impregnadas da energia do cotidiano de sua família. Evite também seu quarto de dormir, porque este é um espaço que você divide com seu marido e onde as energias do casal se misturam.

Deixe a luz ambiente suave, desligue o telefone e o celular, e desligue-se internamente. Por um breve período você estará viajando para fora de sua realidade de todos os dias.

Se gostar de incenso, acenda um bastão. Se preferir, coloque para tocar uma música bem suave, sem letra e sem associações com memórias de eventos específicos.

Esse é seu espaço de poder pessoal, também chamado de local de empoderamento.

**Exercício do voo da águia**

Depois de criar seu espaço de empoderamento, concentre-se na sua respiração. Preste atenção em como você está respirando, se rápido ou devagar, se apenas no alto do peito ou se o seu diafragma também se move. Não force, seja gentil com você mesma e apenas preste atenção ao seu ritmo.

Quando sua respiração estiver acontecendo de forma bem suave e confortável, comece o exercício de imaginação ativa xamânica.

Feche os olhos e imagine que você está em algum lugar da natureza – numa clareira na floresta ou uma praia ou na beira de um rio ou no alto de uma montanha – onde sente muita paz. Ouça os sons da água correndo e sinta-se relaxada, acolhida por este local tão bonito.

De repente você é atraída por um movimento acima de sua cabeça. Comece a ver com seus olhos internos, dentro da cena que está experimentando, um grande pássaro de asas fortes e presença poderosa voando lá no céu.

Você sabe que é uma águia.

(Não importa que você não conheça águias ou não consiga imaginar seus detalhes. Apenas sinta que o pássaro grande voando no alto de sua paisagem é uma águia.)

A águia faz grandes círculos no alto, que você acompanha com o olhar. A cada volta, você sente que a águia a está chamando para voar com ela. Uma parte de você aceita esse desafio.

De alguma forma, você se une ao grande pássaro e voa acima da floresta (ou da montanha ou do rio).

A águia então leva você para voar acima do seu dia a dia. Você vê tudo o que costuma fazer, suas idas e vindas durante um dia comum, lá do alto.

Você permanece calma enquanto assiste como que a um filme do seu cotidiano, sempre lá de cima, sem se envolver.

Com os olhos da águia você vai perceber quanta coisa você faz, como você vive atarefada e apressada, presa a uma rotina de expectativas infinitas.

Veja-se lá embaixo fazendo tarefa depois de tarefa.

Esse olhar vai ajudar você a perceber o quanto você exige de você mesma e como seria difícil fazer mais do que já faz.

Aos poucos venha voltando.

Respire profundamente algumas vezes, abra os olhos, perceba-se no presente. Acenda a luz e escreva o que viu, deixando as ideias correrem livres, sem críticas ou preocupações se o que você viu ou pensou ou está sentindo é verdadeiro ou falso.

Não importa. O produto da imaginação ativa veio de alguma parte de você mesma, algum recanto da sua consciência. O exercício fez com que você tivesse acesso a uma visão que normalmente não teria.

Se você não conseguiu imaginar nada, não se preocupe. O fato de se dispor a procurar esta visão costuma abrir as portas da consciência, ou de regiões suas que você desconhece. De alguma forma, haverá comunicação. Se você permanecer calma e atenta, irá notar que, durante o dia ou em sonhos nas noites seguintes, algumas informações sobre a sua situação vão aparecer.

Você terá aberto as portas do seu autoconhecimento, que lhe trará outras formas de lidar com o seu cotidiano.

Se você enxergou cenas durante o exercício, também não se preocupe se foram lógicas ou não. O mundo da imaginação não é regido pela lógica, mas pela intuição e criatividade. Vem daí sua grande força de modificação.

Se você já teve uma ideia clara de sua situação, ótimo, aproveite. Se apenas viu-se num corre-corre confuso, deixe estar e aguarde que as imagens se transformem numa cena compreensível, numa ideia que você possa usar na prática. Não tenha pressa.

## *A primeira tentativa de Aline*

Aline lê um pouco do livro na hora do almoço. Acha curioso, fica com a impressão de que ali tem alguma coisa que lhe servirá. Ela não entende como, mas sua intuição dá um avisinho e ela sente curiosidade. Procura por xamanismo na internet durante o trabalho e encontra uma infinidade de sites. Nossa, é um mundo inteiro que ela não conhece!

À noite em casa, depois de colocar todo mundo na cama e antes do Pedro chegar, em vez de ligar a televisão ela vai para um canto da sala escura, acende um incenso e deita-se numa toalha colocada em cima do tapete. Resolve arriscar fazer o tal exercício da águia.

Respira, respira e tenta se imaginar no meio de uma floresta. A sua mente, no entanto, não obedece. Ela continua ouvindo os barulhos do trânsito lá fora e os passos do pessoal do apartamento de cima. Não tem água nenhuma correndo ali.

Bom, o que fazer?

O livro dizia para não esperar nada, só deixar a imaginação levar. Ela então resolve brincar de que é uma águia voando. Ri ao imaginar como seria sair ali da sala cheia de tranqueiras pela janela, batendo asas pelo meio dos prédios, planando por cima da avenida de carros.

Vai subindo mesmo assim, até ver seu prédio e mesmo a cidade lá do alto, cheia de luzes e movimento, como se estivesse num avião.

Aline sente-se na sala novamente, deitada no chão duro no escuro. Volta a pensar na águia, querendo recomeçar o exercício, e de repente tem um *flash* de visão: ela nas garras de uma ave enorme, que a pega e sobe.

Não há antes nem depois, só aquela imagem.

Aline respira mais um pouco e senta-se, acendendo a luz para escrever como o livro sugeriu. Pega um caderno novo, que comprou anos atrás quando ainda imaginava que ia fazer aulas de desenho. Não só escreve como traça o que viu, um desenho pouco elaborado mas vibrante dela nas garras da ave.

Olha para o que fez e sente um aperto enorme no coração. Percebe que aquele instante é a primeira vez em muitos anos, talvez desde que se casou, em que faz algo só para si. Não está trabalhando, nem cuidando dos filhos, nem da casa, nem do Pedro; não está visitando sua mãe nem sentindo-se culpada por não ser tão boa dona de casa quanto ela; está fazendo um desenho para ela mesma.

Fica quieta ali refletindo, sentindo como ela não pertence a ela mesma. Não é à toa que está estressada, com tpm permanente.

### *A herança de nossas mães*

A primeira parte do pacote de expectativas que toda mulher recebe – a de ser esposa e mãe perfeita – é passada de mãe para filha há muitas gerações.

Antes que nos irritemos com as nossas antepassadas, é bom lembrar que, até há poucos anos, ser mãe e esposa eram quase que as únicas opções abertas para a mulher. Até o século 19 pelo menos, e em muitos lugares do mundo ainda hoje, a mulher que não conseguisse um marido para sustentá-la dependia da caridade de seus familiares. E a mulher que não dava filhos a seu marido – e cuidava bem desses herdeiros – podia ser abandonada sem que o homem sofresse qualquer penalidade por isso.

Nossas bisavós e avós viveram em épocas assim, em que ser esposa e mãe aprovada pela sociedade e pelo marido era questão de sobrevivência, de ter onde morar e o que vestir e comer.

Durante a Idade Média na Europa, por exemplo, a mulher era parte das posses de seu marido, que por sua vez era parte das posses de seu senhor feudal. A mulher valia tanto quanto conseguia produzir dentro desse sistema de vassalagem absoluta, e ninguém achava nada demais que um homem tivesse sobre sua esposa direito de vida e morte.

Nossas antepassadas que viveram nessa realidade certamente ensinaram às suas filhas que obedecer era preciso, e obedecer de cara boa uma vantagem para a sobrevivência.

Essa realidade cristalizou nas mulheres um sentimento de subserviência em relação ao senhor seu marido e aos homens em geral que permanece até hoje, inconsciente, não mais pensado e muitas vezes não mais necessário como mecanismo de sobrevivência, mas vivo.

Para dificultar um pouco, um dos arquétipos que existem no inconsciente coletivo é o da serva.

Arquétipos são padrões de comportamento psíquicos que correspondem às principais atitudes humanas. Eles são automáticos e podem ser acionados por um estímulo simples, sendo desligados apenas se a pessoa tiver consciência de que aquele arquétipo está funcionando.

O da serva, por exemplo, quando acionado por um comentário áspero do marido ou atitude corporal de um homem em posição de autoridade que deixa claro que a mulher não o está agradando, deflagra pânico. A mulher sente, sem que isso necessariamente corresponda à realidade, que ela vai ser abandonada pelo seu amo e senhor, que vai ser jogada na rua da amargura, que vai ser deixada sozinha e sem recursos.

Ela então age como uma serva, baixando a cabeça e obedecendo cegamente o que se espera dela. É por isso que mulheres cobertas de razão evitam o confronto direto com chefes, gerentes, professores e outros homens em posição de poder.

Esse é um processo inconsciente não regido pela lógica e que requer atenção para ser interrompido.

A força das tradições e do arquétipo da serva é muito grande, chegando a paralisar as mulheres e a guiá-las sempre para o mesmo caminho de não prestarem atenção em si mesmas e de colocarem marido e filhos acima de si mesmas.

Só que o que nossas avós descobriram é que ser uma boa serva não garante de modo algum a sobrevivência, que dirá o conforto ou uma vida digna e feliz.

Por mais que a mulher se dedicasse, o marido podia morrer e deixá-la à mercê da caridade dos parentes. Quem não tinha uma família acolhedora e se via viúva muitas vezes acabava na total miséria.

O marido podia ainda ficar doente, incapacitado para trabalhar, ser aprisionado numa guerra ou qualquer outro acidente que não dependia da boa vontade da servil mulher, mesmo assim deixando-a desamparada.

A servitude, por deixar a mulher numa situação muito desigual, ainda permitia que maridos fossem crueis, sádicos, mantivessem outras famílias em paralelo, descuidassem de prover corretamente às necessidades da casa e dos filhos e toda uma série de abusos de poder. Como a mulher era declaradamente inferior, o homem tinha a liberdade de fazer o que quisesse em relação ao sexo, ferisse ele os sentimentos da companheira ou não. A mulher, aliás, por muito tempo foi considerada pela igreja cristã como um ser mais próximo dos animais do que do homem, sem alma e sem poder de raciocínio.

Nossas avós sonharam então, e nossas mães e tias começaram a colocar em prática, uma revolução para deixar a mulher menos vulnerável.

O que hoje é chamado de feminismo não passou da constatação de nossas antepassadas de que não era justo sofrer pelo que não tinham poder de resolver.

Foi assim que começou todo um movimento para que as mulheres fossem vistas como seres humanos, como cidadãs – o direito ao voto foi conquistado pelas mulheres há menos de um século – e como pessoas capazes de aprender e exercer profissões.

Como todo movimento revolucionário, este de profunda alteração da posição da mulher na sociedade está acontecendo com trancos e retornos, resistências e avanços.

Um dos trancos foi que a entrada das mulheres no mercado de trabalho, com toda a maravilhosa liberdade para sobreviver por conta própria que está acarretando, não anulou as expectativas anteriores, alimentadas por tantas gerações, de que a mulher fosse esposa e mãe perfeita.

A mulher que deseja ser capaz de se sustentar se vê, então, diante de expectativas conflitantes. Por um lado, ser completamente maternal e dedicada. Por outro, ter espírito guerreiro e competitivo para conseguir avançar no ambiente essencialmente masculino das empresas.

Nossas antepassadas tinham o problema de poderem ser abandonadas sem aviso prévio, mas as mulheres hoje têm o problema de carregar esse medo inconsciente dentro de si e ainda fazerem um monte de coisas – tais como trabalhar para uma empresa impessoal, controlar o cartão de crédito, entender em quem votar – com que nossas antepassadas nunca sonharam.

### *Ensinamentos de sabedoria animal*

A águia, como já dissemos, é um animal que tem a visão aguda e penetrante. Entrar na energia dela significa permitir que a mente fique clara e as questões nítidas.

Assim sendo, disponha-se a aclarar sua mente sobre o assunto de todas as coisas que são esperadas de você.

Sente-se no seu espaço de poder num momento em que possa dedicar alguns minutos a si mesma. Respire fundo várias vezes (uma das formas primordiais para se mudar a consciência) e acalme-se. Desligue sempre telefones e outros aparelhos sonoros, a menos que tenha selecionado uma música ambiente muito suave para ajudá-la.

**Mais um voo da águia**

Para esse exercício, é preciso que você acalme de novo sua mente. Todo o turbilhão de pensamentos sobre tarefas precisa ser serenado, o que você consegue com doze ou dezesseis respirações bem longas e profundas.

Agora, deite-se ou fique bem confortável em uma poltrona e imagine mais uma vez a águia sobrevoando o céu de um lugar na natureza, fazendo longos e preguiçosos círculos. Mais uma vez você a acompanha, passando a ver sua vida de cima, sem envolvimento.

É importante não se deixar levar por raiva ou irritação ou desespero com o que vê. Você nesse momento é a mais majestosa das aves, observando o mundo com olhos penetrantes lá das nuvens.

Não se preocupe se nessa nova viagem a paisagem for diferente ou as tarefas se apresentarem de outra forma. Nossa imaginação ativa é muito criativa e apresenta o mesmo assunto de muitos ângulos.

Agora que você vê sua montanha de tarefas lá do alto, peça à águia para mostrar a você o que é importante.

Como comentamos, esse é um animal poderoso mas que economiza energia planando nas correntes de ar. Faça o mesmo. Com calma, sem esforço, olhe e veja o que é realmente importante.

Aí desça como um raio e pegue aquela tarefa nas garras. Segure-a e suba, guarde-a no ninho e voe de novo, observando. Desça para o chão para capturar o que você vê como muito importante – pelos olhos da águia – quantas vezes sentir que é necessário.

Volte agora lentamente para a sua consciência humana, sentada na sua sala.

Mesmo que não tenha visto tudo com clareza, é muito provável que você tenha agora uma impressão boa do que é essencial e o que é menos importante na sua imensa lista.

Ainda com o espírito da ave que voa acima das críticas, escreva apenas as tarefas que pegou nas garras quando estava no exercício de imaginação ativa ou que agora intui como importantes de verdade.

Pegue um caderno limpo e escreva "tudo o que tenho que fazer" no alto de uma página. Aí vá anotando tudo o que você sente que precisa fazer, que é esperado de você, que seu marido gostaria, que seu chefe espera que você cumpra, que sua mãe sempre diz ou diria que é sua obrigação. Em especial liste tudo o que precisa fazer em relação aos seus filhos, desde pequenas tarefas como dar os tênis e brinquedos velhos a uma instituição de caridade até garantir que a alimentação de cada um está balanceada, sem excesso de gorduras trans e outros venenos.

Respire fundo quando achar que terminou e depois escreva mais alguns itens, porque essa lista é realmente interminável. Vá colocando tudo.

Depois de vários recomeços e adendos, faça uma pausa e olhe para suas páginas cheias. Agora vá calculando por cima quanto cada uma dessas tarefas levaria de seu tempo. Se você for do tipo bem metódica e exata, pode fazer uma lista das tarefas que precisa cumprir todos os dias e as tarefas que podem ser resolvidas de uma só vez.

Agora some e espante-se. Se você for uma mulher comum, sua lista de tarefas cotidianas já vai ultrapassar mais do que 36 horas como nossa personagem Aline estava querendo ter. Se você ainda colocar aí as tarefas extras, não vai ter nem férias, nem sono pelos próximos dois anos.

O que fazer então?

## *As escolhas*

Na semana seguinte, Aline consegue mais uma brechinha para ficar calma e sozinha. Prepara seu local de empoderamento e tem a ideia de colocar um cd de barulho de água bem baixinho, para encobrir o som dos carros lá fora. Acende dessa vez uma vela e aninha-se em um cobertor para não sentir nenhum frio.

Deita-se, respira bastante e faz força para ver de novo aquela águia que tinha vindo no flash. Não dá certo. Ela então se imagina mais uma vez saindo pela janela, mas agora a cena não segue uma ordem lógica, ficando embaralhada. Ela lembra que precisa estabelecer a intenção clara de ver e buscar as tarefas mais importantes.

Ela vê a ave de novo, descendo num voo rasante. A águia pega seus três filhos e os leva para o ninho. Lá fica sentada, olhando para eles e ouvindo. A umas tantas solta um grito agudo, que assusta até Aline.

Será que não tem mais tarefas?

Vê de novo a águia com o marido, mas dá umas sacudidas nele no meio do voo.

O outro flash é a ave planando majestosa, sem bater as asas, aproveitando as correntes de ar.

Aline volta à consciência e preenche mais algumas páginas de seu caderno com relatos e desenhos. Uma resposta parece clara: é importante ter tempo e prestar atenção nos filhos. Talvez precise colocá-los na linha com uns gritos de vez em quando?

E o Pedro, será que precisa sacudi-lo um pouco?

Ao longo dos dias, Aline vai percebendo o significado da imagem calma, poderosa, da águia planando sem se mexer: ela resolve pedir ajuda e procurar alternativas para diminuir a carga de coisas que precisa fazer pessoalmente.

Tem a ideia de perder a vergonha de parecer irresponsável, pede informações na escola e propõe a duas outras mães que moram não muito longe um rodízio para levar as crianças à escola e às outras atividades extraescolares. O alívio é geral para todas elas.

Cria coragem também para conversar com o marido e explica como anda tensa e cansada. Consegue deixar com ele a responsabilidade, duas vezes por semana, de dar o café da manhã aos filhos e levá-los à escola, para que ela possa ir à academia religiosamente.

É até bom ela sair de casa para nem ver o estado dos filhos na mesa ou dos uniformes na saída. Passa a ser problema dele levantar e se entender com os três, ao menos nas quartas e sextas-feiras.

Aline fica também tão surpresa com o resultado de seus pequenos exercícios de imaginação ativa que resolve entrar para um grupo de ioga que o pessoal do seu trabalho organizou. Naqueles poucos momentos em que parou para fazer o exercício do voo da águia sentiu calma e quer continuar de uma forma mais sistemática. Toda sexta, em vez de encarar o trânsito logo às seis, agora se reúne a doze colegas de sua empresa em uma hora de prática. Sente que essa hora é um presente para si mesma. Percebe que é algo muito valioso e relativamente fácil de obter, não precisou provocar um terremoto.

## *Poupança de energia*

O que Aline fez?

Ela organizou um pouco melhor sua energia, seguindo o aprendizado da águia, que usa as correntes de ar em vez de bater as asas o tempo todo.

Muitas vezes as mulheres deixam de pedir ajuda e de passar as tarefas que fazem para outros por conta da culpa. Aquela memória ancestral que as obriga a parecer totalmente ocupadas com os filhos e a casa e o marido as deixa realmente prisioneiras.

Pensar nessa herança desperta a raiva em muitas de nós. É inegável que a distribuição de trabalho para as mulheres, tanto no passado quanto hoje, não foi nem é muito justa. As mulheres já têm uma longa tradição de fazer tudo o que é menos glorioso e receber por isso a pior paga, sem qualquer reconhecimento. Cuidar de crianças, da casa e de todo o conforto do marido – social, sexual, caseiro – é um enorme trabalho que nossa sociedade nem pensa em remunerar, que dirá as sociedades em que nossas avós viveram.

Só que embarcar na raiva é uma tremenda perda de energia. É querer subir contra a corrente de ar, batendo as asas desesperadamente. Tudo bem sentir raiva cá e lá, justificada por uma situação específica, mas não contra o mundo todo, todos os homens passados e presentes.

Aline iniciou uma mudança importante. Ela começou a pensar em si como uma pessoa, não uma entidade sobre-humana, capaz de mais façanhas que o super-homem.

Se não dá para pegar o filho no inglês e trabalhar no projeto especial do chefe, não dá. Um dos dois ela vai ter que deixar de fazer.

Saber fazer escolhas – aquilo que os voos com a imaginação nas asas da águia indicam – é o caminho mais curto para iniciar a dissolução das culpas reais e imaginárias.

### *A culpa*

O sentimento de culpa é uma montanha, alimentada por tudo em volta da mulher, vamos lembrar: comentários dos homens em posição de autoridade, cobrança dos filhos, mensagens nas novelas e por aí vai. É muito comum que um marido, ao notar que a mulher está fazendo alguma coisa de diferente com ela mesma, comece com joguinhos para garantir que ela não saia de seu lugar. Sempre que alguém muda, as pessoas mais próximas em volta ficam com um certo medo de que o que é confortável para elas desapareça. Nem sempre é por mal, apenas por medo, mas uma frase dele pode ter muito peso: "A Camila está mais magra, será que ela está comendo direito?", "Você viu como o Júnior anda respondão?", "A faxineira não está passando minhas camisas direito, você precisa falar com ela!", "Esse jantar congelado não tem gosto de nada" etc., etc.

Alguns homens apreciam a posição superior que a sociedade lhes confere, exercendo esse poder com mão pesada. A crítica nesses casos pode ser escancarada, como: "Você está muito saidinha, vou cortar suas asinhas!", "Essa casa está um lixo, parece que não tem dona de casa", "Você não cuida mais de nada desde que resolveu ser zen".

As crianças também percebem que têm o poder de perturbar a mãe quando invocam seu dever materno. Tudo é culpa dela, desde as notas baixas – ela nunca está lá para ajudar com a lição de casa – até a dificuldade com algum amiguinho – ela não pode levar o filho a uma festa naquele bufê maravilhoso durante a semana.

Uma das formas de resistir a esse ataque por vezes implacável é lembrar quem você é: uma só pessoa. Nem um exército, nem Deus. Ninguém consegue fazer tudo pelos outros, nem mesmo a mãe mais dedicada. Entenda que as cobranças são fruto de medo de perder a presença permanente da mãe. O próprio marido não quer deixar de ser um filho a mais, mimado e especial.

Assim, não embarque no mérito das reclamações em si mas no pedido de afeto que está camuflado por elas.

Esteja inteira quando ficar com seus filhos ou marido. Não importa a quantidade de tempo que dedica a cada um deles, mas a qualidade da atenção. Se você ouvir, olhar nos olhos, focar no presente e não em algum problema pendente no escritório ou o que precisa fazer amanhã, seus familiares vão perceber. Eles vão se sentir alimentados no que é mais importante numa família, seu afeto por eles.

## *Responsabilidade xamânica*

Culpa não é responsabilidade. A culpa paralisa, deixa a pessoa sentindo-se incapaz e inferior. Responsabilidade é entender que a sua vida é sua, que você, em última instância, é quem decide o que é melhor para seu corpo, sua mente, seu espírito. Você pode até acatar o que seu marido diz, mas cada um de nós tem a sua própria verdade interior. O que é certo para você pode não ser para seu pai ou seu marido ou sua mãe, e vice-versa. No xamanismo, a integridade não está em seguir regras rígidas mas sim em aprender a ouvir o seu ser interno.

No caso da Aline, pressionada pelo marido que não gostou da sua mudança por conta da ioga, ela precisa decidir o que é mais certo para ela mesma: obedecer a ele ou fazer o que sente que a deixa mais centrada. Ela pode resolver que vai voltar ao velho padrão de correria só pelos outros. Ou decidir que a leveza e o maior contentamento valem que resista, que estará mais feliz quando estiver com o marido e os filhos se der a si mesma esse presente de uma hora semanal.

Ninguém pode tomar essa decisão pelos outros. O que Aline precisa saber é que, seja qual for o caminho que tome, ele foi escolhido por ela e terá consequências. Tudo o que vivemos é consequência das decisões que tomamos, sob pressão ou não, conscientes ou não.

Essa postura de assumir responsabilidade pela sua própria vida deve se estender aos filhos. Responsabilidade, em especial aquela ensinada através do xamanismo, é uma atenção *para com* a pessoa e não *sobre* a pessoa. Dado que cada um tem sua vida, é preciso respeitar as escolhas pessoais dos indivíduos, mesmo das crianças. Querer controlar todos os pensamentos e ações de alguém, mesmo que em teoria para o bem deles, é dominação.

Você estará sendo dominadora se quiser resolver tudo sobre seus filhos ou seu marido, assim como eles se quiserem resolver sobre a sua vida.

### *Sabedoria xamânica*

Os xamãs acreditam que devemos ser fieis a nós mesmos acima de tudo. Isso não é egoísmo, é respeito pela nossa parte mais iluminada, a alma. Quando ouvimos o que nossa alma deseja, nos tornamos pessoas mais inteiras, mais felizes e mais capazes de ajudar aos outros. É muito difícil ser bom seja no que for se estamos seguindo instruções que não combinam bem com nossa alma. Assim, ouvir aquela voz baixinha pode causar um pouco de transtorno e desconforto em volta, mas leva à integridade.

**Quatro maneiras de praticar a integridade:**

- Dizer a verdade sem acusar ou julgar.
- Libertar-se dos padrões de comportamento de negação e indulgência.
- Alinhar as palavras e as ações.
- Honrar a si mesmo como se honra aos demais.

De *O caminho quádruplo*, de Angeles Arrien.

# 2 O filho problema

Aline está aborrecida. Mais uma vez Júnior aprontou na escola. Não parou sentado – como sempre – e esvaziou todos os estojos dos colegas da fileira inteira, jogando lápis, canetas e borrachas no chão. Quando a professora o repreendeu, ele jogou um lápis nela e quase acertou seu olho. Foi levado à diretoria e Aline está agora sendo avisada: este foi o segundo problema grave de indisciplina na escola. Se Júnior tiver mais uma advertência por conta de algum comportamento semelhante, será expulso.

A escola tem sido tolerante apesar de o menino ser hiperativo, mas um ataque físico à professora é mesmo além da conta. A própria Aline não iria suportar se estivesse na classe com ele. A diretora pergunta à mãe o que está acontecendo em casa por ele ter piorado tanto.

Aline sente-se culpada e ansiosa. O que pode estar acontecendo na sua casa para o menino desrespeitar tanto os colegas quanto a professora?

A diretora faz uma saraivada de perguntas, dando a entender que o problema está na relação de Aline com Pedro, que está levando a família a ter uma característica disfuncional.

O termo, muito na moda, pode significar qualquer coisa desastrosa, de abuso infantil a consumismo exagerado, passando por violência doméstica.

Não, Aline não apanha de Pedro, tem vontade de gritar. Eles se desentendem, mas num nível civilizado bem comum.

A diretora a encaminha para a orientadora pedagógica da escola, que sugere mais uma vez que o menino talvez tenha o transtorno de déficit de atenção com hiperatividade e possa ser tratado com um medicamento específico. Aline não aceita de jeito nenhum essa alternativa, no que é apoiada pelo marido.

Ela sai arrasada da escola, sentindo-se um fracasso. Leva Júnior para casa sem falar com ele durante todo o caminho, com medo de perder o controle.

## *A mãe culpada de tudo*

É muito comum em nossa sociedade que a mulher seja julgada por tudo o que seus filhos fazem. Nossas tradições todas fazem da mãe a responsável pela educação dos filhos, sendo seus comportamentos reflexos de seu bom ou mau trabalho.

Apesar de a maioria das mulheres sequer passar a maior parte do tempo com sua família, a tradição de julgar a mãe como origem de todos os males permanece. A criança mal-educada é problema da mãe.

Como toda generalização, esta tem um cerne de verdade, o que a torna bastante difícil de lidar. Já foi constatado que a falta de limites de uma educação complacente dentro de casa de fato resulta em crianças insuportáveis. Mas também é verdade, como qualquer mãe com um pouco de postura da águia pode perceber, que as crianças de hoje sofrem influências de todos os meios e pessoas. O convívio com o pai e a mãe é apenas uma pequena parte do dia da criança, que passa longas horas com colegas, na escola, vendo televisão, trocando mensagens pela internet e sofrendo uma série imensa de estímulos muitas vezes inadequados para a idade.

Considerar tudo isso culpa da mãe é de um simplismo típico de nossos tempos, em que quase ninguém se interessa por problemas entranhados e complexos de toda a comunidade. É mais fácil para uma diretora de escola colocar a culpa pela criança problemática na mãe do que considerar se talvez as normas de conduta impostas pelas escolas não sejam torturantes para alguns tipos de crianças. O meio em que vivemos dita regras implacáveis de adequação, fazendo com que as pessoas que saem de um padrão predeterminado sejam julgadas deficientes.

Aline faz bem em desconfiar da solução prática – porém perigosa para seu filho – de um remedinho que resolva o comportamento. Aline não faz bem, no entanto, em aceitar a culpa pela situação.

A culpa é péssima conselheira. Como já vimos antes, ela paralisa em vez de convidar a uma atitude de resolução. Não é produtivo para ninguém que as mães se sintam culpadas, mas sim que se sintam responsáveis por sua parcela – significativa mas não única – da educação de seus filhos.

A cobrança exercida pelo meio e reforçada pela própria mãe é a de ter filhos perfeitos. Bonitos, bem vestidos, bem educados, inteligentes, simpáticos, populares entre os colegas, atléticos. Quando a criança não é tudo isso, a mãe sente que não cumpriu direito sua parte. Seu marido, as amigas, os professores concordam. Se o pimpolho não é perfeito, com certeza a mãe deixou de fazer alguma coisa essencial.

Esse sentimento de inadequação vem se somar ao que a mulher já sente por ter tantas tarefas conflitantes. Se não é fácil trabalhar e tocar uma casa e um casamento e cuidar dos filhos ao mesmo tempo, fica impossível fazer tudo isso e ainda garantir a perfeita adequação social e cultural de pessoas que não são ela mesma. Apesar de as crianças serem em geral vistas como extensões de seus pais, inclusive por eles mesmos, isso não é totalmente verdade e causa conflitos sem fim.

## *O vínculo da mãe*

A ligação existente entre uma mulher e seu filho ou sua filha é a mais básica que qualquer ser humano pode alimentar. Ela é fonte de estabilidade, da noção de afeto, e brota das entranhas sem passar pelo racional da mulher ou da criança.

Essa verdade biológica e psicológica está na base da sensação de que os filhos são uma continuação da mãe, que pertencem a ela e vice-versa.

No entanto, o bom senso indica que cada criança é um indivíduo, com personalidade e necessidades próprias. A mãe precisa alimentar o vínculo que tem com seus filhos com muito afeto, mas não pressupor que eles devam seguir seus desejos. E certamente não imaginar que possa controlar cada comportamento de seus filhos.

Muitas mães tentam controlar o modo de ser de seus filhos como se estivessem lidando consigo mesmas, ignorando a personalidade individual deles.

Os ensinamentos xamânicos tratam a questão com sabedoria diferente do senso de adequação social. A visão xamânica, vamos lembrar, ultrapassa as aparências desse mundo e enxerga a essência dos seres.

No caso de uma mãe e seus filhos, o xamanismo vê vários seres humanos reunidos por um propósito de crescimento e aprendizado, cada qual expressando as vontades de sua alma. A criança precisa de proteção e cuidados, não tem perfeita consciência do que acontece, não sabe decidir usando sua mente ainda. Mas sua alma sabe o que deseja.

O comportamento inadequado de uma criança precisa de limites e direcionamento, mas sua alma necessita de respeito e espaço para manifestar-se.

A dificílima responsabilidade da mãe – e do pai também – é então entender o quanto interferir, colocar limites, guiar, e o quanto respeitar, incentivar, aceitar o que é diferente.

## *Todos fomos crianças*

Aline respira fundo enquanto dirige, aplicando o que aprendeu na aula de ioga para diminuir a raiva que sente de Júnior e sua culpa. Funciona, as respirações profundas servem para acalmar o tumulto de sentimentos em sua mente. Ela chega em casa em outro estado de espírito, capaz de preparar o jantar e aguardar que Pedro chegue sem ligar mil vezes para seu celular.

De noite, impede que o marido ligue a televisão e começa uma conversa séria com ele.

– Não se preocupe meu amor. Não vamos discutir a relação – diz com um sorriso, para alívio de Pedro.

Relata o que ocorreu, provocando uma reação furiosa do marido. Ele quer bater no menino e coloca toda a culpa nela. É Aline quem não está sabendo educar o garoto, que não tem tempo para o filho. Ainda mais agora que inventou de "ter tempo para ela", diz com raiva.

Aline começa a responder com irritação, defendendo-se das acusações injustas, mas de repente percebe que aquela discussão não vai dar em nada. Ela olha de cima como a águia ensinou, vendo que Pedro sente tanta culpa quanto ela. Ele tampouco sabe o que fazer, parece perdido como ela.

Aline fala com mais calma, sentindo empatia por seu parceiro. O sofrimento deles é o mesmo, ambos estão impotentes diante de uma situação que não compreendem.

Ela externa o que percebeu, fazendo com que ele também veja que estão juntos diante de um problema que não é culpa de nenhum deles. E que eles precisam se unir para lidar com a dificuldade, ela sozinha não tem como resolver.

Os dois começam a discutir estratégias possíveis para colocar mais limites ao filho. Não chegam a conclusões sólidas, mas conversam.

### *A energia da leoa*

O leão é um animal com fortes conotações simbólicas, associado há milênios com o sol e a nobreza. Diferentemente de tantos outros felinos, os leões preferem viver em bando, tendo técnicas de caça coletivas. Vem daí sua conotação para a liderança e a generosidade para com os dependentes.

Também de forma diferenciada de outros felinos, é a fêmea quem faz a maior parte do trabalho tanto de caça quanto de cuidado dos filhotes. Assim, esse símbolo, apesar de toda aquela juba e rugidos, é em essência feminino: trata-se da força feminina em ascensão, iluminada pela luz solar.

Apesar de serem eficientes predadores, os leões evitam confrontos quando podem e têm um senso de família muito intenso, fazendo grandes sacrifícios para proteger sua prole. A fêmea em particular é muito amorosa e protetora, o pior dos animais para se perturbar quando está perto de seus filhotes. Tanto ela quanto o macho, no entanto, mostram paciência para ensinar os filhotes a caçarem e adquirirem independência.

O xamanismo considera a energia da leoa muito poderosa e ao mesmo tempo pouco exibida. Ela é melhor que o macho na caçada mas sua estratégia é agir "na moita", sem se anunciar. Ela costuma espantar a caça na direção do macho, que simplesmente espera para fazer o abate. Diferentemente do leão, a fêmea não desfila nem entra em conflitos territoriais, concentrando-se no que é preciso para a sobrevivência do grupo. Ela é política na administração dos egos e das necessidades de seus felinos.

Entrar em contato com essa energia ajuda a organizar as trocas dentro da família e a colocar cada um na melhor posição. Ao mesmo tempo, a leoa não se submete nem se humilha. Ela é protetora dos filhotes mas muito segura de si e de sua posição. Quando preciso, ela ruge e quem está em volta sabiamente abaixa as orelhinhas...

Para você sentir melhor como está em relação a seus filhos, vamos então convidá-la a entrar em contato com a energia da leoa através da imaginação ativa.

Se você quiser facilitar a passagem para o estado alterado de consciência xamânica, sugerimos que utilize um cd com o som de um tambor tocado ritmicamente, sem qualquer outro barulho. Caso faça isso, não estranhe se a sua imaginação for levada como que por uma força autônoma, sem você controlar cada passo. Estabeleça a sua intenção inicial relacionada ao tema de maneira clara e deixe que a viagem flua.

## *O tambor*

Desde tempos imemoriais, o tambor é utilizado em cerimônias variadas para provocar estados alterados de consciência. Há relatos de xamãs siberianos – cujas tradições são as mais antigas a ainda se manterem sem interferência das grandes religiões – que chamam o tambor de "cavalo" ou "canoa" do xamã, por permitir que viaje a outras dimensões.

A batida rítmica e monótona do tambor tem um poderoso efeito em nosso sistema nervoso central, estimulando áreas sensoriais e motoras diversas em associação à que interpreta o som. A batida de baixa frequência é também mais facilmente tolerada em longas exposições do que sons de alta frequência, sendo que acompanhamentos com mapeamento do cérebro já demonstraram que o toque ritmado ajuda a produção de ondas teta, típicas de um estado de transe.

Assim, uma viagem de imaginação ativa fica muito facilitada pelo uso de um cd que apenas contenha batidas de tambor sempre no mesmo ritmo calmo, sem qualquer outro acompanhamento.

**Exercício do despertar da leoa**

Vá para o seu lugar de poder, relaxe, respire até sentir que está calma. Desligue-se dos seus problemas, dê a si mesma uma pausa de presente.

Deite-se, feche os olhos e ligue o cd com toque de tambor, se o tiver.

Veja-se como uma leoa deitada na savana, rodeada por seus filhotes e seu companheiro leão. A sua intenção é ver o quanto precisa colocar limites e guiar cada um deles, e o quanto precisa respeitá-los e deixá-los soltos.

Não se incomode se não vir exatamente todos os seus filhos ou se alguma questão se apresentar de forma mais saliente. Apenas olhe como leoa e veja que símbolos ou cenas se desenrolam em relação ao leão ou a cada um dos filhotes.

Pergunte-se: quais são os limites que devo colocar para meu filho/minha filha? Depois que vir uma cena, repita a pergunta caso tenha outros filhos. Você pode se perguntar também sobre seu parceiro.

Depois, ainda como leoa, pergunte como deve ensinar sua filha/seu filho/seu marido a ter independência, a saber tocar a vida por conta própria.

Deixe que as cenas se apresentem mesmo que sem continuidade, mesmo que com uma lógica estranha. A linguagem do mundo xamânico é simbólica, não racional.

Quando sentir que já viu o suficiente para um primeiro encontro com a leoa, vá voltando aos poucos, respirando mais fundo.

Abra os olhos e permita-se repassar as cenas. Escreva em seu caderno tudo o que lembrar, pois os detalhes podem se revelar mais tarde como indícios de muita precisão sobre o que é melhor fazer.

### *A leoa de Aline*

Aline faz o mesmo exercício que sugerimos a você, imaginando-se estendida sob o sol de uma savana africana, rodeada de seus três filhotes. O leão está a uma certa distância, dormitando como se não tivesse muito a ver com o bando.

Um dos filhotes da cena é maior e superativo, não pára de provocar os irmãos, dar saltos atrás de mosquitos, patadinhas na mãe, botes na cauda de todos, dar cambalhotas. De vez em quando, sai como um louco correndo pela savana, ficando fora da área de proteção da mãe e arriscando-se a virar presa de algum outro animal.

Aline se pergunta sobre os limites que deve colocar a ele e se vê dando um urro com força, mas sem querer machucá-lo. É por afeto.

Ela pergunta-se então sobre a escola. Vê Júnior agora como um menino na sala de aula, de mãos dadas com a professora, que é um imenso e simpático dinossauro com improváveis pés de ave. Aline vê triângulos e outras formas geométricas com cara de gente voando na sala de aula, tão improváveis quanto os pés da professora. Seu filho escapa das mãos da professora, que olha de forma cúmplice, e corre feliz atrás daquelas imagens sorridentes, pulando sem olhar para os lados. Depois chama os colegas para pularem com ele.

Aline fica tão impressionada com aquelas imagens coloridas e pulsantes que se esquece de perguntar sobre a liberdade. Abre os olhos e fica pensando no que viu.

Aquelas figuras flutuando no ar eram lúdicas e davam risada, mas faziam com que o Júnior ficasse mais agitado. A professora, na cena, era ineficaz para contê-lo. Ao contrário, parecia que gostava da brincadeira. E os pés que ela tinha não eram de um bicho grande como um dinossauro, mas de uma ave que voa.

Aline passa o dia pensando naquela figura esquisita. O senso comum diz que alguém que voa não tem os pés no chão, ou seja, na realidade. Ora, se é a professora quem apareceu assim na sua cena, isso quer talvez dizer que ela incentiva o Júnior a voar demais. A pular sem parar atrás de figurinhas que tampouco são reais.

Aline sente que a energia da leoa está trazendo vários recados.

Primeiro, que o Júnior é mesmo um hiperagitado, que se mexe tanto que escapa do controle.

Ela, Aline, precisa dar uns rugidos para colocá-lo na linha.

Segundo, que seu filho tem muita imaginação. Ele não ataca ninguém por estar agressivo, mas por querer brincar. Só que não percebe direito a hora e o modo de chamar os outros para participar da brincadeira.

Terceiro, percebe que a escola – representada pela professora dinossauro – tem alguma coisa de estranho. Um bicho tão esquisito no lugar de autoridade da sala de aula não é uma boa indicação de ordem na casa. E ela não segurava o menino quando ele saía pulando!

Aline sente um cutucão de sua intuição materna. Há vários problemas ali, mas a escola está incluída.

### *A sabedoria da leoa*

Como comentamos, a energia da leoa é poderosa e tem variadas facetas. É muito boa para ser invocada por uma mãe, pois em sua natureza é integradora da família. A leoa cuida muito bem de seus filhotes, equilibrando bem a proteção, o alimento e a liberdade.

Nossa leitora humana pode empregar essa técnica ao gerir sua família.

A primeira lição da grande felina é a de insistir para que você assuma a liderança da família. O macho colabora e deve ser chamado para caçar e proteger junto, mas as decisões mais fundamentais são da fêmea. Quem decide o que é aceitável ou não no comportamento dos filhotes em geral é a mãe.

O poder feminino existe – olhe para as patas da leoa! – mas funciona de maneira menos agressiva e combativa que o poder masculino. Quando a mulher assume responsabilidade pela criança que gerou, dispondo-se a cuidar dela e protegê-la, ela desperta o poder feminino em si. Há outras formas de fazê-lo, mas se você já é mãe seu caminho em direção ao poder está desafiadoramente aberto.

Assumir o poder significa dar ordens com firmeza – e afeto.

Você pode decidir que a melhor hora para seu filho ir dormir é às nove da noite, por exemplo. Dar a ordem com firmeza e afeto significa estabelecer o horário respeitando a realidade da criança, não a sua conveniência, definir todas as normas que acompanham esse ritual – tomar banho antes, colocar o pijama, dizer boa noite, rezar, ouvir uma história – e não permitir que o horário seja ultrapassado.

Ter poder significa também ter flexibilidade. Quem não tem medo de perder a autoridade pode permitir um sono mais tardio num dia de jogo da seleção ou festa de aniversário em casa.

### *Como invocar a sua leoa*

As mulheres hoje sofrem tantos tipos de ataques, críticas, ordens que raras vezes sentem-se como leoas. É difícil para alguém se achar a rainha da savana (ou do lar, do carro ou do supermercado) se sua mente está tomada por preocupações sem fim e seu poder de decisão encontra barreiras a cada momento – o filho que responde de forma mal-educada, a caixa de supermercado que joga as compras, o motorista que, além de fechar, ainda grita e buzina.

O estresse das cidades tornou-se tão comum que permeia quase todos os momentos do dia, esvaziando o poder de todos os indivíduos, em especial as mulheres.

É natural que a pessoa se sinta fragilizada diante desse tipo de cotidiano, que não encontre um poço de forças para rugir e dar ordens com equilíbrio.

A maneira de mudar do xamanismo passa pela alteração da energia. Pense em como você se sente quando entra num ambiente em que todos estão tensos, como por exemplo uma sala de espera de um hospital. Isso que você capta e que se reflete no seu corpo e nas suas ideias é a energia daquele local.

Agora pense num momento que tenha passado em contato com a natureza, por exemplo assistindo a um pôr do sol ou andando na beira do mar numa praia deserta. Sinta o que essas lembranças evocam no seu íntimo, perceba como seus ombros tensionam ou relaxam conforme a imagem que você traz à sua mente.

Isso é energia.

No xamanismo, como aliás em uma grande quantidade de técnicas de ampliação de consciência, é preciso mudar antes a energia para que o corpo físico, os acontecimentos que consideramos reais, a acompanhem.

Existem variadas maneiras de modificar a energia.

A mais simples delas, e também a mais rápida, é a respiração. Se você respirar fundo de forma ritmada algumas vezes, seja o que for que estiver sentindo vai ficar mais calmo. Se você colocar uma intenção junto com a mudança da respiração, o efeito será mais pronunciado. Por exemplo, depois daquela fechada e dos xingos do motorista desvairado, umas cinco respirações conscientes e profundas, como se o abdômen expandisse, com certeza colocarão você novamente no prumo e tirarão a sanha de dar alguns tiros naquele mal-educado.

Claro que só isso não resolve, é preciso expandir o arsenal de maneiras para recuperar a sua força. Todos nós de vez em quando chamamos nossa força instintual mesmo sem saber, respirando fundo, esticando nossa coluna, olhando firme, fazendo nossa voz soar calma e vibrante. Como em todas as áreas, no entanto, a eficácia dessas atitudes é muito ampliada pela consciência.

### Técnicas de invocação

#### *As lembranças*

Lembrar de suas vitórias, dos momentos em que sentiu-se desafiada e saiu vencedora, traz para o seu momento presente a energia da sua força. Não importa que você não seja mais tão jovem, aquela energia existe e está à sua disposição, com o acréscimo da sua atual sabedoria. Invoque-a olhando fotos de quando seu time ganhou o campeonato de vôlei por conta das suas cortadas ou quando você dirigiu um carro pela primeira vez ou passou no vestibular ou mesmo ofereceu um almoço para a família de seu namorado em que tudo correu bem e todos adoraram a comida. Essa energia de encarar os desafios como se fosse vencê-los, sem muito medo ou preocupação, é uma das facetas da energia da leoa. Você já a sentiu e pode redespertá-la concentrando-se nessas imagens de você mesma, apoderando-se com consciência disso que já é seu.

*Mandala criativa*

Para quem gosta de desenhar ou pintar ou colar, um exercício de invocação do próprio poder é fazer numa cartolina ou outra base qualquer uma mandala – uma forma circular com um centro, partes em disposição uniforme e uma linha de limite, contendo o conjunto.

Brinque um pouco com o que quiser colocar nesse painel – fotos, desenhos, pequenos objetos – que lembrem ou simbolizem seu poder. Por exemplo, a foto de uma árvore bonita que desperte em você o sentimento da paz de uma tarde no campo, um fio com uma tomada para representar a entrada de energia, uma figura religiosa que signifique capacidade de vencer obstáculos. A escolha é sua, de acordo com suas crenças e preferências estéticas. Você pode colocar no meio uma foto da leoa que está querendo despertar ou, melhor ainda, uma foto sua, a nova leoa do pedaço.

Coloque essa mandala num lugar em que a veja sempre e vá retirando ou acrescentando o que sentir que é importante.

A mandala é um símbolo arquetípico, isto é, anterior a todas as culturas e presente em todas as sociedades, de muita abrangência e poder. Ela representa a totalidade e a integração do indivíduo. Ao desenhar ou montar sua mandala, você estará facilitando o caminho para que seu poder venha à tona.

A criança que desenha um círculo, por mais irregular que seja, demonstra que já está preparada para aprender a ler, por exemplo, porque começa a ter noção de si mesma. Um esquizofrênico que desenhe uma mandala mostra que está em processo de cura, unindo suas partes divididas. E qualquer um de nós que desenhe ou monte uma mandala está invocando a energia de integração e de organização. Os símbolos que você coloca na sua mandala têm tanto um significado óbvio – por exemplo invocar a energia de um descanso à sombra de uma árvore –, como significados mais profundos – talvez de que você está em busca de raízes sólidas ou quer alimentar a sua árvore da vida.

*O piquenique dos leõezinhos*

Vamos lembrar que a leoa mostra aos filhotes como caçar e como viver por exemplo, deixando que a sigam nas suas expedições.

Se você planejar uma atividade diferente, de que você e seu marido gostavam na infância e que possam conduzir sem o envolvimento de consumo, shoppings, roupas novas e apetrechos caros, terão a oportunidade de demonstrar limites com autoridade e afeto.

Um piquenique é um ótimo exemplo. Antiquado mas extremamente prazeroso, permite que seus filhotes aprendam a fazer uma pausa no consumo padronizado, que participem na escolha de um local para passar o dia, que fiquem atentos aos estímulos do local escolhido, que aprendam com você e seu marido. Se vocês escolherem passar o dia à beira de uma represa, por exemplo, seus filhos podem aprender ao vê-los pescar, limpar o peixe, acender o fogo para assá-lo e por aí vai. Mesmo uma simples tarde em um parque já traz a chance de seus filhos verem pessoas de classes sociais diferentes, dividirem tarefas para que a refeição seja prazerosa para todos, recolherem o lixo e deixarem o local como encontraram.

Atividades diferentes sob a clara liderança dos adultos são uma forma de ensinar aos filhos a melhor das lições, como lidar com o mundo em todas as suas diferenças e grandeza. É a energia da grande felina que leva para o perigo e ensina a lidar com ele, em vez de deixar o filhote fechado na toca ou no parque do condomínio.

Essa exibição de conhecimento do mundo fora dos limites de sempre é também uma excelente forma de reforçar a sua autoridade como mãe e educadora. Se o que você diz e mostra faz sentido fora de casa, também fará dentro.

## Alguns rugidos

Aline resolve tomar algumas providências com base no que sentiu na sua viagem. Primeiro, conversa bastante com Júnior para entender o que ele faz na escola todos os dias. Vai ficando com a noção de que as atividades são de muito estímulo à imaginação – inventar histórias, fantasiar-se de personagens, fazer teatro a cada dois dias – e bem poucas coisas práticas, como aprender a usar o computador para pesquisas, o básico do inglês ou praticar esportes competitivos.

Depois de conversar com o filho, sente que está certa. A escola, mais do que ela e suas aulas de ioga, contribui para acentuar o problema do menino. Mas ela não tem força suficiente para ir lá discutir com todas as educadoras profissionais que tão bem argumentam. E que ficam insistindo em medicação para Júnior. Tem certeza de que vão jogar a culpa nela novamente.

Ela antes precisa se fortalecer e recorda das formas de invocar a leoa. Aline gosta de felinos em geral e resolve montar uma mandala com fotos num canto da sala do computador, longe da televisão. No centro coloca uma foto linda dela mesma quando tinha dezessete anos e era a líder de sua turma. Aline lembra de um semestre em que foi eleita representante da classe e provocou uma grande discussão sobre beijos na escola. Ela conduziu os debates e extraiu novas regras da direção. Tinha sido a heroína de todos no final daquele ano.

Em volta coloca fotos de vários leões e panteras tiradas de revistas. Ligando as imagens, ela desenha um enorme sol, já que adora dias ensolarados na praia. Capricha na purpurina, deixando a cartolina bem dourada. Pelo meio, encaixa fotos dos filhos em momentos felizes e do marido ao lado do seu primeiro carro zero. E perto do centro, dentro de círculos vermelhos e brancos formando um alvo, ela cola o emblema da escola do filho, tirado de um de seus uniformes velhos.

A família toda dá risada mas ela não liga muito. Afinal, estão todos bonitos ali. E acham interessante a nova atividade da mãe, que claramente demonstra que ela se preocupa com eles.

Aline faz questão também de explicar aos filhos e ao marido o que está querendo com essa brincadeira, que eles são uma família e cada um deve ajudar e olhar para o outro. Agora, o problema de todos eles é resolver as dificuldades de Júnior na escola.

O menino fica surpreso com a colocação da mãe. Sente-se bem por ver que, em vez de gritar com ele e castigá-lo por um mês, Aline propõe que todos o ajudem. Sente-se compreendido em lugar de julgado.

No próximo fim de semana, Aline cria uma oportunidade de ter uma conversa calma com Pedro mandando os filhos para o clube com amigos. Ela agora está bem mais calma e consegue falar do assunto sem tantas emoções. Sua tranquilidade deixa Pedro também mais à vontade, não tão defensivo ou acusador.

Ele percebe, ainda que não admita, que as novas atividades da esposa a estão deixando com a cabeça mais clara e objetiva.

Aline não conta que teve visões xamânicas e recebeu ensinamentos de animais ao som do tambor. Acha que a estranheza desse assunto vai distrair Pedro do que precisam resolver.

Ela explica apenas que a ioga a está fazendo perceber as coisas de um modo diferente. E que tem certeza de que a atual escola de Júnior está complicando em vez de aliviar a sua hiperatividade.

A sua voz calma deixa Pedro bem impressionado. A forma de ela expor o assunto não coloca a culpa em ninguém, nem mesmo nas educadoras da escola. Ele concorda com a esposa que talvez o método pedagógico usado ali realmente não seja o mais adequado para Júnior. Dá seu apoio quando ela sugere que pesquisem outra escola. Propõe-se a passar um e-mail para dois colegas seus com filhos da mesma idade em escolas diferentes, para que comentem o método pedagógico delas.

Os dois trocam ideias a respeito de outras maneiras de ajudar Júnior a se acalmar e colocar os pés na terra. Pedro lembra como o esporte foi importante durante a sua própria infância, inclusive para que gastasse o excesso de energia que tinha, bem parecido com o que seu filho demonstra. Sugere então que levem o menino ao clube e o inscrevam nas atividades esportivas que mais o agradarem.

## *Sabedoria xamânica*

Todo mundo sabe que crianças precisam ser educadas respeitando limites e que, se isso não acontece, elas se tornam monstrinhos desrespeitosos para com os outros.

Para os pais, em especial a mãe, conseguirem colocar esses limites, os dois precisam estar bem. Não podem estar assolados pela culpa de não serem perfeitos, como tantas vezes é o caso da mãe que trabalha fora e do pai que só vê os filhos nos fins de semana. Ou da mãe que acredita naquela lista interminável de expectativas para ser perfeita.

O que o xamanismo ensina de diferente neste assunto já tão tratado, é que é possível mudar uma situação pelo cultivo de energias de poder pessoal. E que o exercício desse poder se dá com calma, centramento e intenção clara em relação aos resultados que se deseja atingir.

Para o xamanismo, poder pessoal não é a imposição da vontade própria aos outros, mas sim a atitude necessária para resolver um problema ou conflito que se apresente como um desafio.

O poder pessoal muitas vezes é exercido em silêncio, como uma atitude de vida, e não presume jamais a perfeição. Para os xamãs, aliás, quem acredita que pode ser perfeito tem uma imperfeição fatal, assim como quem acredita que é invulnerável tem uma vulnerabilidade fatal. Diferentemente dos ideais de luta e vitória promovidos em nossa sociedade competitiva, o uso do poder pessoal na esfera do xamanismo é uma questão de escolhas sábias, alinhadas com o que a pessoa realmente sente e acredita.

E não presume atividade constante, mas o uso sábio das energias e recursos disponíveis.

A atitude de poder pessoal pode ser resumida nos três "nãos" que a filosofia zen define para a liderança, também conhecidos como os três "nãos" do guerreiro no xamanismo:

- Não deixe de fazer o que precisa ser feito.
- Não faça nada quando não houver nada a fazer.
- Não emita opiniões do que é certo e o que é errado (não julgue).

# 3 Competição entre o casal

Aline sente-se melhor quando o marido começa a colocar em prática o que eles decidiram. Pedro leva Júnior ao clube e o inscreve nas aulas de judô. Não há muita democracia na escolha, mas ele faz um esforço para convencer o menino de que saber se defender vai ser ótimo entre os amigos. E que atacar com controle, somente numa situação adequada, também vai fazer com que tenha mais responsabilidade.

Júnior se empolga com a atenção do pai e os dois criam um ritual bem masculino. A mãe é quem o leva, mas o pai vai buscá-lo e os dois voltam conversando sobre lutas e os campeões do esporte, que Pedro agora acompanha.

Júnior dá uma melhorada na escola, e a orientadora diminui o cerco a respeito de uma decisão quando os pais a informam da nova atividade do garoto.

Aparentemente, vai tudo bem, mas Aline começa a sentir alguma coisa no ar.

Depois de uma sessão de ioga mais profunda, na qual relaxa bem, vem à sua mente, de repente, a imagem de Pedro e Júnior chegando juntos em casa e rindo dela. Sem saber se está sentindo ciúme ou se há mesmo algo atravessado, Aline presta mais atenção a seu marido.

Percebe que ele está dando a si mesmo todo o mérito da melhora do menino, como se fosse o salvador da pátria e ela uma mera figurante. Tem falado sobre o filho como se fosse um doutor em pedagogia e mestre em psicologia, capaz de resolver qualquer problema que surja.

Aline sente como se sua posição de mãe estivesse ameaçada, como se fosse uma total incompetente para resolver o que seria da alçada dela. Cai, sem perceber, no velho padrão de sentir-se julgada pela sua performance materna.

Resolve então mostrar a ele que não é bem assim. Em um sábado que a previsão do tempo diz que será ensolarado, organiza um piquenique na beira da represa.

Faz as crianças ajudarem na escolha do que vão comer, a prepararem os sanduíches, a colocarem uma toalha xadrez e guardanapos numa cesta de vime como nos filmes.

A alegria é geral e o passeio tem tudo para dar certo.

Quando enfim chegam a uma parte da represa não totalmente lotada de gente e carros e barcos, começam a pescar. Aline quer criar uma experiência inesquecível para as crianças e até consegue, mas não bem como imaginou. A pescaria é um fracasso, talvez pelo movimento excessivo de gente na beira da água. E na hora de sentarem para comer à sombra de uma árvore, aparecem cinco cachorros com cara de fome. Camila começa a chorar de medo e mesmo os adultos ficam apreensivos com aquele bando de vira-latas. Sem muita cerimônia, eles se espalham em cima da toalha xadrez e devoram tudo. Só sobram migalhas para as formigas, que logo aparecem também.

Com fome e irritados, decidem voltar para a cidade, mas o calor extremo transforma-se em uma chuvarada de verão. A estrada em torno da represa vira uma pista enlameada, que deixa Pedro extremamente tenso. Ele vem xingando a ideia pelos vinte quilômetros de poças e derrapadas até voltarem ao asfalto.

### *Homem versus mulher*

Vivemos numa cultura que exacerba as diferenças entre homens e mulheres, como se fossem seres de raças distintas. Em lugar de promover a colaboração, as piadas, filmes, novelas e romances costumam marcar os homens como duros e lacônicos, objetivos e decididos, e as mulheres como sensíveis e irracionais, dependentes e servis.

Basta olhar em volta para os homens e as mulheres que conhecemos para constatar que esses estereótipos são generalizações sem grande correspondência com a realidade, mas a cultura tem o poder de fazer as pessoas enxergarem o mundo sob esse viés.

O lado perverso dessa divisão é justamente os homens sentirem que têm a obrigação de se comportar conforme o figurino para serem "homens de verdade", ou seja, mostrar-se de fato duros e lacônicos e todo o mais. E as mulheres idem, deixando-se conduzir pelos seus companheiros.

O vício, amplamente difundido, de julgar o outro conforme esses papéis dá um certo poder a quem o faz, mas é destrutivo para o entendimento do casal. Uma mulher que deixe o marido saber que não está contente com a posição dele no trabalho, que sua carreira está estagnada, que falta garra e ambição a ele, repete as expectativas da sociedade em relação aos homens. Essa crítica fere fundo e chega a paralisar alguns homens com a sensação de incompetência.

O vice-versa é tão verdadeiro quanto. O homem que critica a mulher seguindo o roteiro que a sociedade imprime para o gênero feminino faz o mesmo estrago. Quando ele deixa a esposa perceber que a considera uma mãe incapaz ou amante fria, também fere muito fundo, visto que o papel de mãe e de esposa são os mais valorizados entre os femininos, e uma crítica a deixa muito insegura de seu valor.

Esse jogo de acusações mútuas, sejam elas gritadas ou apenas insinuadas, causa culpa e mal-estar. É esta a base dos problemas das famílias disfuncionais e a causa maior de transformar casamentos em campos de batalha.

Uma das maneiras de quebrar esse jogo viciado é manter-se atenta para sair da correnteza das emoções. A raiva e as acusações têm uma energia poderosa porém estéril para resolver problemas de parceria. Raiva e acusações desembocam sempre em confrontos e discórdia.

Assim, você pode evitar esse beco sem saída fazendo um esforço para alimentar uma atitude centrada e bem racional.

Uma das formas de mudar a energia da raiva em colaboração é entrando em contato com a energia do elefante.

### *A energia do elefante e da aliá*

Como já comentamos antes, no xamanismo podemos invocar a energia de qualquer animal selvagem para resolver situações variadas. Além de fazer uma ponte com o mundo espiritual, essa prática desperta nosso lado esquecido dos instintos. Todos temos instintos que nos guiam para o melhor, mas os condicionamentos que recebemos nos afastam desse poder.

Você pode invocar um determinado animal que pense ser apropriado para uma situação, como indicamos antes. No entanto, é muito comum que uma viagem comece na companhia de um animal já conhecido e lá pelas tantas outro apareça para oferecer uma sabedoria mais adequada à questão.

Assim, não estranhe se sua viagem for acompanhada de outro animal que queira ajudar. Quando abrimos nosso espírito para o universo, este responde de muitas maneiras diferentes.

A maneira de entender o significado do que essa imagem esteja apresentando é prestando atenção ao que fizer, a símbolos associados e estudando o comportamento daquele animal, como vimos sobre a águia e a leoa.

Aqui vamos comentar a energia do elefante, que é muito aliada das famílias e da vida em sociedade, e privilegia a harmonia em detrimento da competição.

O elefante é um animal dos mais sagrados para várias culturas, sendo na Índia reverenciado na forma de Ganesha, o deus da sabedoria e da abertura dos caminhos, com corpo de homem e cabeça de elefante.

Uma das características óbvias do animal é que ele tem uma tromba enorme, sendo com ela capaz de discernir cheiros com precisão e assim compensar a sua fraca visão. Quando invocamos sua presença, ele indica uma forma de atuarmos muito mais pelo cheiro do que pela visão. A intuição, assim, é uma das grandes armas do elefante.

O elefante é ainda um animal pacífico, apesar de tão grande e forte. É ficção essa história de que nunca esquece, mas de fato ele tem memória para quem o feriu e às vezes revida por uma questão de dignidade. É por isso associado também à ideia de realeza.

Vive em bandos e dá exemplo de como podemos nos comportar socialmente: os filhotes são sempre protegidos pelas fêmeas adultas e estas seguem a liderança de uma fêmea mais velha. Os machos, por sua vez, também seguem os mais velhos, protegem o grupo de fêmeas e sempre socorrem os mais fracos ou feridos. Em bandos de elefantes, ninguém é abandonado à própria sorte e todos os indivíduos demonstram afeição e lealdade uns para com os outros.

**Exercício de viagem com o elefante**

Se você sente que na sua família há algum traço de competição, se seu marido oferece mais críticas do que apoio e você costuma revidar na mesma moeda, alfinetando onde sabe que dói, é uma boa ideia fazer uma ou várias viagens na companhia do elefante.

Prepare-se como para as outras viagens, reservando um período de vinte minutos para relaxar e deixar a sua imaginação ser tocada. Vá ao seu espaço de poder pessoal e, depois de respirar e relaxar, coloque o cd com tambores para tocar.

Estabeleça uma intenção clara de entrar em contato com a sabedoria do elefante. Essa intenção pode ser algo como "quero saber de que forma aumentar a harmonia no meu casamento" ou "como desmontar o jogo de acusações em que sempre caímos" ou "como posso fazer com que o afeto prevaleça na minha família".

Vamos lembrar que o elefante não é um animal de visão, como por exemplo a águia, mas de olfato apurado. Assim, a forma como sua energia entra em contato conosco pode ser através de cheiros, memórias e intuições. Se você entrar no mundo xamânico depois de pedir contato com o elefante e sentir, por exemplo, um cheiro de feijão queimado, será sábio pensar, depois que tiver voltado, sobre o que você sente quando cozinha para seu marido. Pode haver uma bela de uma raiva embutida aí, por exemplo, que leva a fazer você atacá-lo com palavras ácidas ou uma comida muito ruim. Mas não acredite em nós, você precisa sentir o que é que faz sentido para você.

Caso sinta um cheiro de rosas, só para dar outro exemplo, pode ser que você esteja sendo convidada a trazer mais doçura e romance para o seu cotidiano.

Mesmo sendo um animal de intuição, é bem capaz que o elefante mostre coisas a você numa cena que se desenrole como uma historinha. Olhe em volta, veja quem está envolvido, preste atenção. Durante a viagem, não fique interpretando, apenas deixe correr. Mas, quando voltar ao seu estado habitual de consciência, tome nota dos símbolos que tiver visto e aí sim comece a decifrá-los.

Como o elefante se comunica com os seus companheiros pelo toque e é um animal que gosta de ficar próximo, é muito capaz que, na sua viagem xamânica, você entre em contato com cenas e objetos do seu cotidiano, que estão bem perto de você.

Se for este o caso, preste bastante atenção a eles como símbolos. Uma mesa pode significar uma reunião para conversa, um prato talvez indique que algo precisa ser alimentado, um elefante ruminando aponta para a necessidade de se digerir melhor um assunto.

### *A viagem de Aline*

Aline resolve digerir o que aconteceu no fim de semana fazendo uma viagem xamânica. Apesar das suas boas intenções, o piquenique deixou todo mundo mais irritado e cansado do que feliz. Os ânimos estão acirrados em sua casa, com muita discussão de manhã na hora de sair para o trabalho e a escola.

Ela quer entender o que está acontecendo. Lendo este livro, resolve pedir ao elefante, quando relaxa e deita ao som do tambor, que mostre o que se passa em sua família e como sair daquele enrosco.

Sua viagem é das mais claras.

Primeiro vê uma corrida de cavalos no jóquei, todos os animais fazendo aquele esforço enorme, suados, para ganhar a corrida enquanto os jóqueis os incentivam a dar o máximo.

Logo depois, vê uma ponte e, do outro lado do rio, um bando de elefantes. O macho vai na frente, a fêmea atrás segurando no seu rabo com a tromba, e atrás dela, em fila, três elefantinhos, todos dançando.

Ela volta daquela cena com uma musiquinha na cabeça, de um desenho animado antigo no qual os elefantes dançavam assim mesmo e cantavam "olhe o passo do elefantinho, como ele dança bonitinho" num ritmo bem alegre.

Aline fica tentando interpretar a primeira cena pensando no significado dos cavalos. Será que ela está correndo muito? Será que o cavalo tem algo sábio a dizer?

No entanto, quando lê de novo a intenção que colocou para a viagem, a resposta fica clara. Ela fez duas perguntas: o que está acontecendo e como sair do enrosco. Assim, a cena de corrida no jóquei clube é a primeira resposta e aponta para o fato de que ela está numa competição feroz, querendo ganhar a qualquer custo. É isso o que se passa.

Aline leva um susto. Não se vê como uma mulher competitiva. Ela sempre ajuda a todos no escritório, ouve os problemas dos colegas, procura sempre dar algum apoio.

E não é isso o que faz em casa também?

Ao longo do dia, permite que a imagem vista na viagem se repita em sua mente. E de repente pega o significado na mão. Claro! Ela está competindo com o Pedro para mostrar quem cuida melhor de Júnior. Ele exibe seus dotes de pai subitamente compreensivo e participante, ela está aborrecida e sentindo que ficou em segundo plano. Como um cavalo na volta final de uma corrida, está fazendo um esforço para ultrapassá-lo.

Aline já está centrada o suficiente para saber que continuar nessa corrida não vai dar muito certo. A energia de competição escondida entre ela e o marido não é nada saudável para a família.

Sua própria viagem deu a solução. Ela precisa passar por uma ponte – por cima das águas de suas emoções – para chegar a uma situação alegre, da família dançando em círculo bem feliz.

Decide conversar com Pedro para que os dois trabalhem juntos em favor de Júnior e não um contra o outro.

## *A raiva escondida*

Não há dúvida de que a nossa sociedade é machista. Os homens ganham mais do que as mulheres quando ocupam funções iguais e têm muito mais chances de ser promovidos, tornarem-se diretores, presidentes, síndicos, chefes de seja o que for. Os homens são eleitos mais facilmente, têm muito mais poder na mão, contam com a cumplicidade dos outros homens para ter acesso a informações e estratégias de sucesso.

Isso posto, as mulheres também fazem a sua parte para que a injustiça permaneça. Não só reconhecem a autoridade masculina, como cobram dos homens a seu redor – maridos, filhos, pais, parentes – que cumpram todos aqueles requisitos de masculinidade esperados deles, inclusive cuidar delas, protegê-las, dar-lhes casa e sustento, resolver problemas, trocar o pneu furado e a lâmpada da cozinha.

Visto que os homens têm privilégios, as mulheres cobram com insistência seus deveres, em lugar de questionar a validade desse sistema de distribuição de poderes.

Dessa forma, acumulam muita raiva, que não costumam expressar diretamente. É comum que uma mulher reclame da falta de atenção do marido, de seu jeito brusco e sem romance, das cobranças dele todos os dias e por aí vai. É comum que essa fala feminina seja permeada de uma carga grande de amargura e inconformismo, como se a responsabilidade pelos sonhos não realizados fosse do parceiro. É o marido quem controla o dinheiro, quer gastar num carro e não para levá-la a uma viagem, que não a ouve nem olha para ela.

Isso tudo pode ser verdade, mas nós aqui estamos falando de mudança de energia. Como você pode comprovar em qualquer roda de mulheres, falar mal do marido não resolve nenhum problema apesar de ser o tema predileto de quase todas.

Essa fúria contida está, em sua base, no ato de entregar o poder a outro. Sempre que uma pessoa acredita que não tem poder, que sua vida é regida por outra pessoa, ela de fato fica sem as rédeas de sua própria existência. E em lugar de lidar diretamente com os obstáculos que sempre aparecem, fica querendo instigar o outro, aquele que acredita ter o poder, para resolver o que a incomoda.

O alto preço dessa transação é a perda da liberdade. Ao aceitar e cumprir, ao menos em parte, as limitações que a sociedade impõe à mulher, ela em troca muitas vezes recebe sustento, algum reconhecimento, uma casa, uma posição social, mas perde a liberdade de decidir o que realmente quer fazer com a sua vida.

Vamos lembrar? A mulher aciona o seu papel interno de serva, que não é dona de seu tempo nem de sua vontade. Isso soa ruim, mas tem um lado sedutor que muita gente não admite: quando a mulher entrega a sua vontade, não precisa tomar decisões difíceis sobre sua vida, sua alma, as consequências de seus atos. A mulher que age como serva – das convenções, da vontade de seu marido, das regras de seu grupo social – nunca sente que está errada. Ao contrário, ela se acha uma mártir dedicada ao que é bom e correto.

Enquanto a mulher permanecer nessa posição estática, de serva injustiçada, será infeliz. O marido de fato não vai prestar atenção em quem não tem brilho próprio e é governada pelo que os outros acham. O papel de serva e vítima gera amargura venenosa para a relação com os filhos. Quem não viu a mulher com cara de sofredora falando às crianças sobre como o pai a ignora, não tem tempo para ela nem para eles?

Sair dessa posição exige vontade.

É preciso olhar com honestidade para as vantagens em ser vítima, sofredora, serva e avaliar se valem de fato a pena. Porque vantagens há, não tenha dúvida. Só é possível transformar algo, tendo primeiro consciência do que está escondido dentro de si.

Depois, é preciso reconhecer os verdadeiros sentimentos incrustados na situação. Nós costumamos nos achar bem mais bondosas e gentis do que realmente somos, varrendo toda a raiva que sentimos para debaixo de um mega-tapete em nossa mente. Como a serva não fala nem sente raiva, pois pode perder sua posição protegida, tudo o que não combina com esse perfil é escondido do mundo e da própria mulher, se avolumando e se condensando numa área da nossa paisagem interior chamada de sombra.

## *A sombra*

A sombra é um mecanismo primeiro percebido e pesquisado por Carl Gustav Jung, e você pode ler a respeito com maior profundidade nos livros sobre este grande psicólogo. Aqui, vamos falar como ela funciona no dia a dia e, mais importante, como iluminá-la pelo xamanismo.

A sombra é uma espécie de grande lata de lixo da mente, onde aprendemos a colocar tudo o que nos ensinam que é feio desde a infância, todos os nossos impulsos reprimidos por não serem socialmente aceitos.

As mulheres, em geral, aprendem a esconder ali a sua raiva, porque a maioria das famílias não considera nada apropriado que uma menina seja agressiva, respondona, competitiva e assertiva. São aquelas frases de desaprovação sistemática, como "uma moça não se comporta assim", "moças devem sentar de pernas fechadas", "vá lá e peça desculpas à sua avó" e toda a parafernália de educação de "damas" que ensinam as mulheres a esconder muitos de seus verdadeiros sentimentos.

O problema de ouvir tantas vezes esses julgamentos é que eles acabam sendo interiorizados e a pessoa passa a acreditar que sentir raiva é de fato feio, vergonhoso, inadmissível. A vontade que temos de ser amadas e aceitas pelos outros faz com que nós mesmas acionemos essas críticas de comportamento em relação a nós, e elas acabem se tornando automáticas.

Conforme comentamos antes, tudo o que nos faz afastarmos da consciência, o que é feito sem a presença da vontade e da atenção, tem o potencial de gerar problemas.

Exatamente como o lixo das cidades hoje em dia, esse refugo psíquico vai se amontoando nos cantos escuros, em pilhas de "não posso" e "não devo". A própria pessoa cria freios para a sua expressão e esconde de si mesma o que não considera aceitável.

Por exemplo, uma mulher que tenha interiorizado que a irritação é feia e pouco feminina vai fazer de tudo antes de admitir que está morrendo de raiva de seja o que for. Ela vai camuflar – para si mesma e para os outros – os seus sentimentos. Sem saber como, vai esquecer o feijão que prepara para o jantar do marido no fogo até virar carvão, vai deixar o ferro queimar sua camisa preferida antes de uma viagem importante para a qual ele não quis levá-la e atos inconscientes semelhantes.

Quando o marido reclamar, claro que ela vai dizer que foram acidentes infelizes e quem sabe até chorar um pouco para ele sentir-se um bruto incompreensível.

Os exemplos de manifestação inconsciente do que foi jogado na sombra podem ser bem mais complicados do que isso.

Uma mulher como Mara, a mãe de Aline, que está num casamento tradicional no qual o marido assumiu o papel de provedor e criou obstáculos para que a esposa seguisse uma carreira própria, sente raiva por ter sido obrigada a cuidar de Aline e seus dois irmãos. Essa raiva, no entanto, é justamente daquele tipo mais reprimido ao longo de centenas de gerações, já que todos esperam que a mulher crie os filhos com grande dedicação e boa vontade.

Mara então jogou sua raiva, seu ressentimento, toda a frustração por não ter expressado suas habilidades profissionais, na lata de lixo da sombra. Eis aqui um lixo radioativo: contamina tudo ao redor.

Mara foi sempre esposa e mãe dedicada, que levava os filhos à escola todos os dias, comprava roupas da moda para Aline, acompanhava os meninos em todas as atividades extracurriculares com sorrisos e pontualidade, parecendo altruísta e sem um pensamento para si mesma. Mas a raiva reprimida aparecia em momentos inesperados. Por exemplo, num Natal ela arrumou uma razão perfeitamente absurda – um presente que ela esperava receber do marido e não recebeu, apesar de todas as dicas que dera por meses a ele – para armar uma briga interminável e estragar o dia para ele, os filhos e todos os convidados. Aline lembra que Mara também costumava ficar doente no meio das férias de todos na praia, tendo marcado a infância das crianças com seus sofrimentos desmancha-prazeres.

Aliás, você já reparou como muitas doenças e acidentes acontecem em momentos estratégicos, que limitam ou colocam muita culpa nos outros? Como por exemplo uma crise da vesícula que requer internação de emergência antes da viagem do filho ao exterior?

Eis a sombra atuando, promovendo manifestações que a própria pessoa não consegue perceber de maneira consciente.

## *O espelho do outro*

Também de maneira parecida com os depósitos de lixo que crescem de maneira vertiginosa hoje em dia, não olhar para a sombra faz com que os problemas se acumulem enquanto que cuidar dela funciona como a reciclagem, devolvendo à Natureza uma grande quantidade de material que pode ser novamente utilizado.

Os sentimentos reprimidos, em outras palavras, consomem muito de nossa energia vital para continuar escondidos de nossa consciência, ao passo que sentimentos observados e aceitos, ainda que "feios", devolvem energia à nossa mente e nos mostram outras possibilidades. A raiva vista e aceita pode se transformar em iniciativa para uma mudança, uma nova atitude, uma ação mais positiva e eficiente do que uma doença sabotadora.

A sombra se esconde de nós, mas é fácil percebê-la quando resolvemos procurá-la. Sua existência se manifesta pela projeção do que reprimimos nos outros. É por isso que os casamentos têm a função – ao lado da união romântica – de nos fazer crescer. Em geral, aquilo que está mais escondido dentro de nós nos irrita sobremaneira no parceiro.

Vamos voltar a Mara, que sempre fez tudo com uma grande exibição de altruísmo. A máscara que ela montou para se apresentar ao mundo é a da pessoa boazinha, que tem tempo e disposição para cuidar dos outros. Todos os impulsos que sentiu ao longo da vida de mandar esses outros cuidarem de si mesmos, a vontade de virar as costas às muitas solicitações de Aline e seus irmãos e passar a tarde no cinema sozinha, ela reprimiu e jogou na sombra. Por conseguinte, ela se irrita muito com os sinais de egoísmo que via e ainda vê nos outros, em especial no marido, a pessoa mais próxima.

Se ele diz que hoje não quer visitar a filha porque está cansado, ela fica magoada (já que não se permite ficar furiosa) pelo egoísmo dele, a falta de cuidado com o que é importante para ela. Sem levar em conta que talvez ele esteja mesmo muito cansado. Quando ela pede um favor à sua melhor amiga, que muitas vezes a atende mas hoje não está disposta a cruzar a cidade na hora do *rush* para pegar seu neto no tênis, ela fica de novo profundamente ferida. Visto que ela não admite em si mesma que tome uma decisão guiada pelo conforto, recusa-se a aceitar o mesmo nos outros, ficando muito incomodada.

Eis a projeção da sombra.

Se Mara começar a refletir que seu sentimento de mágoa constante é reflexo do que não aceita em si mesma, talvez seja capaz de dar uma guinada no seu bem-estar. Se ela perceber que o que existe de comum entre a mágoa provocada pelo marido e a amiga é o egoísmo, e se partir do pressuposto de que tudo o que incomoda muito nos outros na verdade é reflexo do que está escondido nela, então vai começar a olhar para seus próprios impulsos egoístas.

O que incomoda muito do lado de fora na verdade está dentro, escondido de nossos olhos.

**Exercício de olhar no espelho**

Olhar para a sombra através das projeções nos outros é um exercício difícil porque vai contra tudo o que acreditamos sobre nós mesmas, todas as histórias que contamos sobre como somos legais e bacanas. No entanto, é um exercício que traz muitos benefícios, entre os quais uma notável diminuição daquilo que nos incomoda sempre. E uma maior energia para lidar com a vida e aproveitá-la.

Olhar para a sombra nos faz descobrir como somos de fato, não como nos idealizamos. E esse conhecimento ajuda a tomar decisões benéficas, que combinam com a nossa verdadeira natureza. Admitir que somos em parte egoístas, por exemplo, facilita dizer "não" quando uma atividade não nos convém, sem sermos tomadas pela necessidade de parecermos boazinhas e depois pela raiva de fazermos o que não queremos.

Eis aqui uma maneira simples de começar a jogar luz na sombra.

Vá para o seu local de empoderamento e reserve alguns momentos para entrar em contato consigo mesma.

Respire profundamente algumas vezes.

A cada respiração, visualize ou peça em voz alta para que o elefante a ajude a perceber o que se esconde atrás do óbvio, com sua tromba sensível.

Permita-se cheirar o ambiente. Enquanto fizer o exercício, anote se sentir algum aroma inesperado. Você vai investigar o que não lhe cheira bem, porém de uma forma diferente da habitual.

Agora faça uma lista do que mais irrita você nos outros. Inclua desde os insultos maiores que lhe fazem sempre até as irritaçõezinhas diárias. Vá com calma, mas não entre na raiva. Fique no alto do elefante, segura de que nada daquilo nesse momento vai atingi-la, você está apenas trazendo esses sentimentos para a sua consciência.

Depois de ter escrito a lista, organize essas causas de irritação da maior para a menor, atribuindo valores de dez a um.

Por exemplo, para você pode ser que ficar numa fila atrás de alguém que se arrasta lentamente é muito irritante e costuma acontecer sempre que você vai ao supermercado com pressa.

Talvez você seja das que se aborrecem mortalmente com as eternas reuniões de trabalho com a supervisão, que interrompem o serviço sem que ninguém resolva nada além de marcar mais uma reunião.

No entanto, se entre as suas raivas está a que sente raiva de seu parceiro porque ele é um bagunceiro de marca, que nunca coloca nada no lugar, deixa roupas e jornais e copos pela casa inteira, essa raiva talvez mereça o alto da lista.

Ou seja, depois de fazer uma lista sem ordem, você pode chegar a uma segunda lista na qual a desordem de seu marido venha com a pontuação dez, as reuniões improdutivas recebam cinco, as filas que não andam, três. E suas várias outras irritações intercalem esses três exemplos que criamos.

Agora olhe com atenção para essa irritação número dez, no topo da lista. Respire fundo. Não fique remoendo a cena na sua mente, apenas repasse uma situação que seja um bom exemplo dessa atitude que a irrita. Pode ser o hábito de seu marido deixar a toalha molhada em cima da cama depois do banho.

Vamos agora fazer um exercício de imaginação ativa e brincar de teatro interno.

Coloque-se no lugar da pessoa que teve a atitude que a irritou e reproduza os diálogos ou ações que desencadearam seu sentimento. Assuma o papel dessa outra pessoa e deixe correr os sentimentos que são dela e que tanto ofendem a você.

Imagine-se, por exemplo, na pele de seu marido saindo do banho de manhã, tendo que se vestir às pressas. Imagine-se correndo como ele corre, desesperado porque não lembra direito onde largou a pasta e os óculos. Diga alto alguma frase que ele costuma repetir nessas horas, como "Você viu meus óculos? Onde você colocou meus óculos? Você fica mexendo nas minhas coisas e depois eu não acho nada!"

Agora volte a ser você. Respire fundo três vezes. Lembre-se que está fazendo este exercício para detectar o que você projeta no outro, o que é seu mas parece vir do outro.

Então agora sinta, com a calma de um elefante que aprecia folhinhas no alto de uma árvore, o que, desse lote de atitudes e falas do seu marido, você tem vontade de usar de vez em quando.

Se você não está habituada a fazer esse tipo de reflexão, talvez não saiba por onde começar. Mas, apesar de tudo dar a aparência de irritante, deve haver uma causa mais forte para o seu sentimento. Use a tromba do elefante para sentir que causa é essa.

No caso desse exemplo de que estamos falando, pode ser que a causa maior da irritação seja a bagunça mesmo do marido.

Se for esse o caso, você precisa refletir então que você tem uma bagunça semelhante dentro de si, porém que não permite que apareça. Talvez a sua mãe tenha exagerado nas exigências de arrumação e você se tenha tornado uma organizadora compulsiva, das que não suportam um lápis fora do lugar.

Na sua sombra, naquela região onde ficam os sentimentos não aceitos por você mesma, está a vontade de fazer exatamente como o seu marido e largar a toalha em cima da cama, o jornal no chão, os sapatos perto da porta etc.

Essa raiva que você sente do marido bagunceiro (ou dos colegas pouco objetivos nas reuniões) é a porta para a sua sombra. Se você permitir, vai aos poucos se comunicar mais abertamente com ela, vendo o lado "feio" que você esconde desde criança de você mesma e do mundo.

Quando achar que compreendeu a essência da situação irritante e do que você esconde na sua sombra – o que pode levar alguns minutos ou dias inteiros –, deixe que esse conhecimento vá sendo absorvido pela sua mente. Aos poucos, sem forçar demais, vá percebendo como a qualidade irritante que você projeta no outro na verdade também lhe pertence.

O que provavelmente vai acontecer é que sua irritação vai diminuir bastante. Experimente só!

Deixe passar alguns dias e volte a olhar para a sua lista. Sinta se ainda há alguma situação que é especialmente irritante, com a qual você precise entrar em contato.

Se a sua intuição aguçada pelo elefante indicar que é o caso, repita esse exercício, dando tempo para absorver os sentimentos para os quais não costuma abrir espaço.

É bom lembrar que entrar em contato com a sombra não é a mesma coisa que se deixar dominar por ela. Reconhecer que temos aspectos negativos – como todo ser humano tem – não significa que vamos atuá-los. Saber que sentimos raiva assassina não nos leva necessariamente a matar ninguém, mas nos ajuda a utilizar o forte potencial energético da raiva em atividades que utilizam a agressividade de maneira criativa, como por exemplo a dedicação aos esportes.

Diz Carl Gustav Jung, o grande psicólogo e primeiro a descobrir a dinâmica da sombra:

- "Todos nós temos uma sombra. Quanto menos ela estiver presente na vida consciente do indivíduo, tanto mais densa e escura ela será."

# 4 Construção da parceria

A conversa de Aline com Pedro transforma-se em poucos minutos numa belíssima briga, com direito a todo tipo de acusações gritadas no quarto do casal e ouvidas pelas crianças do outro lado da porta. Pedro não acha que está competindo com ninguém, mas sim fazendo o melhor pelo filho. Fica muito irritado ao receber críticas em lugar de elogios e mais ainda ao sentir que Aline se acha superior a ele, desejando dizer o que é certo de maneira arrogante. Aline também perde a compostura quando o marido reage com o golpe baixo de acusá-la de vir com aquela lengalenga porque não está sabendo ser uma boa mãe.

A sua intenção de ter uma conversa calma e harmoniosa que leve a uma solução some em meio aos gritos. Os dois vão se deitar sem se falar, cada um virado para um lado.

Aline amanhece muito deprimida. Ela achou que o marido ia entender o que estava tentando dizer, que a acompanharia na conclusão maravilhosa que ela tinha tido com a ajuda de sua imaginação ativa. Pedro achou tudo aquilo uma bobagem sem pé nem cabeça. E ela nem falou da dança dos elefantes!

Aline faz várias respirações profundas enquanto ainda está deitada. Levanta-se devagar. Sente o impulso de se comportar como sempre faz quando brigam, batendo a porta do banheiro para ele acordar de repente. Contém-se. Reflete que está fazendo um esforço maior para se conhecer, para mudar a sua realidade, para ver o que acontece todos os dias de outro ponto de vista.

Pedro, no entanto, não embarcou com ela nessa viagem. Ela está com um pé em outro caminho e não tem as palavras para explicar o que vê.

Resolve manter a calma, apesar de estar triste.

Começa a cuidar das crianças e prepará-las para o dia sem gritar com ninguém. Como levantou mais cedo, até prepara um suco fresco de laranja.

Pedro acorda com o cheiro do café perfumando a casa e lembra com um suspiro da briga da noite anterior. Será que Aline vai provocá-lo de novo? Está com uma preguiça imensa de ter outra discussão antes de um dia tão longo.

Quando chega na cozinha, vê a mulher com cara séria, mas sem fazer nada de agressivo. Até diz bom dia num tom normal, apesar de não puxar conversa depois. Os filhos parecem aliviados em sentir o ar menos tempestuoso entre os dois e falam sem parar sobre o dia pela frente.

Pedro dá um sorriso para Júnior e lembra de ser um pai simpático também para os outros dois. Tem até certa razão a crítica de Aline de que ele está dando preferência ao mais velho.

Saem todos para as atividades daquela quinta-feira sem levar o peso do desentendimento com eles.

### *A contribuição da mulher*

Já comentamos que a divisão da espécie humana em homens e mulheres como seres opostos, que mal conseguem se entender, é uma criação da nossa cultura. Homens e mulheres são mais parecidos uns com os outros do que diferentes, movidos pelo mesmo espírito e as mesmas emoções, ainda que disfarçadas em comportamentos que combinam com seu gênero.

Comentamos também que muitas mulheres sentem raiva dessa divisão – claramente desfavorável às mulheres – mas colaboram para que permaneça, porque obtêm algumas vantagens com ela, como por exemplo serem sustentadas pelos seus maridos.

As mulheres colaboram de uma outra forma para a manutenção dessa divisão desigual e exploradora. Hoje em dia, é comum que aquelas que se recusam a ser esposas servis assumam um modelo masculino de lidar com o mundo. Já que ser mulher significa estar por baixo, ser usada como um capacho, essas mulheres adotam o modo de ser dos homens para obterem respeito, direitos, reconhecimento, espaço para agir.

Faz sentido mas colabora para manter a divisão e as injustiças. Comportar-se como o homem arquetípico, que manda e se impõe de forma ditatorial, mata o diálogo e a parceria. Essas mulheres são tão competitivas quanto o mais autoritário dos patriarcas.

De certa forma, Aline entrou nessa energia quando quis que o marido reconhecesse que ela estava certa. Ela desejou que ele se curvasse e aceitasse a visão que ela apresentou como verdadeira, sem abertura para discutir melhor o tema. Ela quis exercer autoridade de uma forma superior, inquestionável.

Ela se colocou como alguém em posição de autoridade, mas não tem apoio social para isso por ser mulher. Pedro reagiu como foi ensinado, desafiando quem se coloca como superior sem apresentar as credenciais reconhecidas por todos. A reação condicionada dos homens é a de desafiar todas as mulheres e também aqueles homens que não parecem devidamente alicerçados no poder.

Esse é o fenômeno que toda mulher em posição de liderança, de chefia, em cargos de visibilidade e poder enfrenta: precisa mostrar a seus subordinados e colegas, a cada instante, que é bem preparada, sabe do que fala, tem capacidade e acesso aos canais de decisão. Ela é sempre questionada e inspira dúvidas sem relação com o que faz, mas por ser mulher. Homens, depois que atingem cargos de liderança, são vistos como em seu lugar natural e aceitos como superiores.

Em nossa sociedade, esse canal de acesso ao poder tem sido mostrado como uma grande conquista das mulheres. É com orgulho que alguns países exibem primeiras-ministras e presidentas. Só que, na maioria das vezes, essas mulheres estão agindo como homens, por enquanto conseguindo pouco espaço para uma outra forma de fazer o mundo funcionar.

### *O caminho da parceria*

Não é fácil agir de maneira diferente daquela já instalada em todas as instituições, mas é possível. A energia da parceria é diferente da lei do mais forte que grunhe mais alto e se faz ouvir. A parceria recorre aos valores – tidos como femininos, mas possíveis de serem invocados por homens e mulheres – de respeito pelo outro seja ele ou ela quem for.

Ouvir quem fala de forma atenta, cuidadosa, tentando se colocar no lugar da outra pessoa é uma habilidade humana tão antiga quanto soltar berros, mas muito esquecida em nosso mundo competitivo. No entanto, ela instantaneamente convida a um diálogo bem mais produtivo, com menos dentes arreganhados à mostra.

Em vez de querer impor uma posição superior a ser respeitada a qualquer custo, cada pessoa faz um esforço para ouvir – e falar – com o coração. Sem armas, nem acusações.

Como seria isso?

### Exercício da fala do coração

A fala do coração tem três componentes essenciais, que permitem a comunicação desarmada.

Uma parte são frases que demonstram empatia, como "sei o que você está querendo dizer", "entendo a sua posição", "de fato é compreensível ficar nervoso com isso". Essas frases deixam clara nossa intenção de empatia.

Outra parte da fala é constituída de sua própria visão sobre o assunto, porém sempre deixando claro de que o ponto de vista é seu e não geral, como em "eu sinto assim" (dando a entender que outra pessoa poderia muito bem sentir de outra forma), "eu fiquei magoada", "eu fui levada pela raiva e nem consegui entender o que você estava querendo". Note-se que não fazem parte da fala do coração frases como "você me feriu", "a culpa é sua", "você sempre faz isso" e similares. Tentar diminuir o outro para ganhar uma briga não leva a nada em termos de parceria.

A terceira parte da fala com o coração é as duas pessoas lembrarem qual é o seu objetivo maior juntas. No caso de um casal, esse bem maior pode ser a felicidade dos filhos que os dois concordam que deve ser almejada acima de tudo. Mesmo que os dois não concordem sobre a forma de promover a felicidade dos filhos, por exemplo, o fato de deixarem claro um para o outro que este é seu desejo primeiro já ajuda algum acordo e traz uma energia de cooperação.

As mulheres e os homens que desejam resolver os problemas em parceria, num ambiente amigável e amoroso, precisam escapar do modo automático de se ferirem e cultivar a fala do coração como forma de falar e ouvir.

**Exercício do colete à prova de balas**

Um enorme auxílio para qualquer diálogo em que possa haver conflito é o colete à prova de balas, insultos e agressões.

Todas nós temos pontos fracos, áreas muitos sensíveis de nossa psique que já foram machucadas durante a infância ou momentos traumáticos de nossa história, medos arraigados de desamparo ou agressão ou abandono. Quando nosso parceiro – que já conhece intuitivamente esses pontos vulneráveis – lança alguma palavra que aciona uma dessas fraquezas, nossa reação costuma ser instintiva de briga ou fuga. Um insulto que mexa com o medo de incompetência nutrido por muitas mulheres, como "você não sabe ser boa mãe", tem o potencial de nos desestruturar e deixar-nos incapazes de continuar a conversa com algum equilíbrio. É por isso que tantos diálogos que se iniciam com ótimas intenções rapidamente desandam para bate-bocas violentos.

Um artifício, assim, é você se proteger com o colete à prova de balas. Antes de iniciar qualquer conversa mais difícil, imagine-se vestindo um colete daqueles que a gente vê em filmes, de kevlar ou outro material qualquer que você tenha certeza de ser muito resistente, preto ou da cor que você gostar (na imaginação podemos tudo, até inventar coletes de grife), meio pesadinho e volumoso. Imagine que o veste e abotoa por baixo de sua roupa, e que ele é capaz de segurar tudo, de balas e estilhaços de granadas a qualquer tipo de insulto. Nada que seu parceiro (ou mãe ou filho ou chefe) diga terá o poder de chegar aos seus pontos vulneráveis. Você irá ouvir mas não se deixará tomar pela emoção que aquelas palavras costumam desencadear.

Depois da conversa, você pode tirar o colete e guardá-lo num armário imaginário, a que você tem acesso quando e onde quiser. Não é boa ideia usá-lo o tempo inteiro porque esse colete pode deixar você um tanto defendida demais, difícil de ser atingida inclusive por tentativas sinceras de aproximação.

## *O aprendizado*

A parceria, principalmente entre homens e mulheres, em especial entre marido e mulher, não é algo ensinado ou incentivado em nossa cultura, como estamos comentando. Assim, implantar essa nova forma de pensar e agir requer treino e uma certa paciência.

Primeiro, precisamos compreender que parceria não é submissão. A mulher que abaixa a cabeça porque não quer brigar com o marido nem levantar questões sobre as quais não concorda com ele não está sendo parceira, mas se comportando como uma serva.

A parceria requer sim a fala sobre o que é espinhoso, o que é percebido como injustiça, desigualdade ou simples erro. É preciso que cada um exponha o que sente e pensa, ainda mais sobre algo que incomode, como por exemplo a atitude de proprietário do filho e senhor da situação que Aline percebeu no marido.

No entanto, não se pode esperar que a nova forma de falar resolva no mesmo instante o conflito, nem que a própria praticante consiga se manter na fala do coração o tempo inteiro.

É natural que uma postura como esta precise ser nutrida, sentida e mesmo validada pela verdade.

Precisamos ao mesmo tempo compreender que a parceria tampouco é uma forma sutil de manipulação.

Falar de maneira calma e recheada de frases compreensivas perde todo o significado se a pessoa na verdade desconsiderar o outro e desejar apenas conduzi-lo a determinado resultado ou ação.

Não há parceria se uma das pessoas se esconde atrás de um muro, deixando de mostrar seus verdadeiros pontos fracos e evitando admitir o que realmente é importante para ela. É impossível obter parceria e aprofundar uma relação sem autenticidade.

O cultivo da parceria requer, portanto, um treinamento com sentimento durante certo tempo, até se tornar um modo natural de agir. Conforme você for percebendo que obtém melhores resultados ao falar de forma mais vulnerável e menos armada, irá querer se aprofundar na prática desse tipo de diálogo e postura.

### *A energia da transformação*

Já sugerimos que você fizesse algumas viagens na companhia da energia do elefante para descobrir o que possa ser um obstáculo dentro do seu casamento ou em sua família.

Agora vamos fazer um convite para que você mergulhe numa outra viagem intuitiva, de imaginação ativa, para ver as etapas pelas quais você precisa passar para atingir uma realidade de parceria em sua família usando a energia da lagarta na crisálida antes de virar uma borboleta.

Como sem dúvida você deve saber, as borboletas são animais com três fases de vida completamente distintas – a de lagarta, a de pupa (ou crisálida) e a de borboleta –, sendo que o período da profunda metamorfose é relativamente longo em comparação à vida do inseto, podendo durar de dias a meses.

Enquanto está ali enrolada dentro de sua casca, a pupa fica quieta e se alimenta de suas reservas, preparando-se para seu glorioso reaparecimento no mundo com lindas e novas cores. A energia de metamorfose da lagarta é a da mais inacreditável magia, a que não damos atenção por estarmos habituadas a esse corriqueiro milagre.

**Exercício da crisálida e da borboleta**

Siga todos os passos para entrar em relaxamento profundo e permitir-se uma alteração da consciência. Depois de respirar profundamente algumas vezes em seu local de empoderamento, viaje ao som do tambor com a intenção clara de encontrar a crisálida e a borboleta. Delas você vai querer saber como nutrir a sabedoria da parceria em sua vida.

Imagine-se entrando num jardim e caminhando até uma bela árvore. Olhe para as folhas e veja numa delas, enrolada e quieta, uma crisálida.

Sinta-se dentro daquela casca, protegida do mundo e com tempo para fazer suas transformações.

Pergunte a ela ou a você mesma o que você precisa para transformar-se numa pessoa totalmente envolvida com a parceria. Com o que você precisa nutrir-se e que cuidados tomar.

Não estranhe se, depois de colocar mentalmente essas duas questões, surgirem cenas sem relação com o jardim, levando você a outros lugares, sentimentos e situações. Aceite as imagens que surgirem.

Você pode se ver, por exemplo, sentada como criança à mesa de sua avó, comendo panquecas com mel, algo que você adorava quando ia visitar seus avós, ou então visualizar uma colmeia com abelhas chegando e saindo num lindo dia de sol.

Durante a viagem você não vai interpretar nada, mas depois vai lembrar e escrever e tentar perceber o significado simbólico das respostas.

Se você perguntou com o que precisava nutrir-se e viu as panquecas com mel que sua avó adorada lhe fazia, é claro que precisa de alguma forma cultivar a doçura em sua vida e encontrar maneiras de criar aquela sensação de conforto e acolhimento. Essas imagens estarão indicando a você que este é o principal nutriente para você conseguir efetuar a metamorfose para uma pessoa que viva em parceria com o marido e a família.

Se você se vir correndo por uma estrada e de repente tiver a impressão de que entrar por uma trilha estreita no mato vai significar um grande atalho, o significado simbólico pode bem ser que você precisa acreditar que a parceria inclui entrar pelo caminho menos trilhado, saindo dos hábitos e maneiras de todo mundo representados pela estrada mais larga.

Se a sua pergunta no início da viagem focar mais os cuidados a tomar, ou seja, se surgirem cenas em que há algo de obviamente desequilibrado acontecendo, você pode ser mais xamânica e interagir com a sua imaginação ativa.

Por exemplo, você pode se ver sentada em uma pedra e eis que chega um homem irritado com uma lança na mão e fica cutucando a sua barriga, sem furar ou matar mas sem deixá-la em paz.

Essa viagem claramente mostra que é preciso tomar cuidado com as provocações ou as posturas masculinas de ataque, que têm o poder de perturbar a sua paz.

Ainda dentro da cena, você não precisa aceitar que o desagravo continue. Imagine-se tirando debaixo da pedra ou de um baú que você faça surgir ali no mato – a imaginação não tem limites! – um belo manto invulnerável ou um escudo cravejado de pedras preciosas com o qual você, sem o menor esforço, impeça que a lança a toque e perturbe.

Interagir com uma cena imaginária cria no mundo "real" uma correspondência, que obedece à mesma vontade e energia que você criou nessa outra realidade. Assim, resolver o problema no imaginário possibilita que a sua força de vontade resolva o problema semelhante, agora não simbólico, na vida cotidiana.

Por exemplo, na vida cotidiana você pode tomar consciência de que a irritação que muitas vezes sente é de fato resultado de um ataque, e então encontrar formas de permanecer invulnerável, ou seja, de não ser atingida pela provocação e cair numa luta exatamente de acordo com os padrões patriarcais de competição.

Tomando os cuidados e nutrindo-se conforme sua própria imaginação indicar, você estará pronta para alçar voo como uma gloriosa borboleta.

**Várias fases de transformação profunda**

Bonnie Eaker Weil, uma terapeuta norte-americana autora de uma série de livros de comportamento, como *Make up, don't break up* (Faça as pazes em vez de se separar), sugere algumas etapas para a transformação dos relacionamentos em alianças profundas e amorosas.

- Pare de se iludir. A realidade nunca é um conto de fadas e esperar isso de seu casamento e sua vida é um convite ao desapontamento.
- Examine a luta de poderes. Culpar o outro por tudo o que não dá certo, projetar no outro o que é nosso, gritar sem ouvir são crises que devem convidar a uma reflexão calma sobre o que acontece, não a discussões acaloradas e repetidas.
- Liberte-se de seu passado. Tenha clareza quanto à bagagem emocional que você traz para a relação, as feridas causadas pela sua família e relacionamentos anteriores.
- Defina o que é realmente importante. A comunicação e a convivência ficam muito mais fáceis quando há acordo sobre o que é de fato essencial e prioritário.
- Estabeleça novos parâmetros. A fala do coração é uma atitude que incorpora respeito e mudanças na vida do casal.

# 5 Estabelecendo limites

Após alguns dias esforçando-se para não ficar de cara amarrada nem brigar por coisas pequenas, Aline abre espaço para mais uma conversa com Pedro. Apesar de não muito afeito a longos diálogos cara a cara, o marido reconhece que a atitude receptiva de Aline merece que o assunto seja retomado como ela quer.

Dessa vez, nossa heroína é mais sábia. Veste o colete à prova de balas que comentamos acima e exercita a fala do coração, tomando o cuidado de dizer o que a incomoda na forma de "eu sinto", não na acusação de "você fez". Não quer culpar o marido por nada e também se recusa a aceitar a culpa que ele queira colocar nela. Repete várias vezes para si mesma que é uma ótima mãe e que está preocupada com o bem-estar de seu filho, não em ganhar uma discussão com Pedro.

Dá muito mais certo.

Dessa vez, os dois conseguem conversar como parceiros a respeito do que acham que não vai bem. Cada um partindo de seu ponto de vista, percebem que concordam plenamente sobre a escola do menino, pouco apropriada para alguém que já tem uma imaginação super fértil e não consegue ficar parado. Mais ainda, conseguem decidir juntos que vão procurar uma nova escola, mais disciplinadora, com regras e horários mais delimitados. Apesar de Júnior ter melhorado um pouco com a prática constante de esportes e a companhia mais frequente do pai, é comum que pegue os brinquedos dos irmãos, em especial de Camila. Ele não parece ter noção do território dos outros, invadindo o espaço alheio com aquela energia interminável dele.

Aline e Pedro mantêm-se calmos e focados no problema, que é mais importante do que eles próprios naquele momento. Sentem-se muito bem com a conversa, que parece pela primeira vez algo útil para Pedro.

## *A represa*

Limites – ou a falta escandalosa de – são um assunto crucial hoje em dia, discutido em programas de televisão, livros, reuniões de pais e mestres e onde quer que adultos com filhos se reúnam.

Não é nosso propósito falar extensamente sobre isso, já que aos quatro cantos se propaga como são necessários. Vamos indicar apenas alguns modos um pouco diferentes, mais xamânicos, de abordar essa importante questão.

Um fator que não se discute tão bem é que o primeiro passo para se estabelecer limites aos outros, sejam eles filhos, colegas, parceiros ou quem forem, é se conhecer os próprios limites.

Precisamos ter uma boa noção do que aceitamos e do que recusamos, do que nos agrada e o que nos fere. Cada pessoa tem sua conformação, e uma das estranhezas da nossa sociedade é imaginar que limites sejam algo genérico, que valham igualmente para todos.

Por exemplo, uma pessoa pode ser muito suscetível à bagunça, ficando desconfortável num ambiente com muitas coisas jogadas pelas superfícies dos móveis. Outra talvez nem perceba o caos em torno, sentindo-se à vontade num ambiente de ninho com sinais de muita habitação.

Alguns se incomodam com barulho, outros vivem imersos na música e no som da televisão eternamente ligada.

Há pessoas que precisam de abraços e proximidade para sentirem-se felizes, outras requerem uma certa distância em torno de si. Umas adoram drama, outras são circunspectas.

Assim, saber o que é essencial para si mesma é a via régia para colocar limites aos outros. Só devemos insistir no que de fato nos atinge, deixando os modismos para os ambientes sociais.

Depois de compreendermos nossas limitações e tolerâncias nas inter-relações, fica mais fácil entender as dos outros. Se eu gosto de silêncio, posso não apreciar alguém que não seja como eu, mas respeitar aquela pessoa como ela é.

### *Animal de poder*

Uma das ferramentas mais utilizadas para quem quer utilizar o xamanismo no dia a dia é o contato com o animal de poder, também conhecido como animal totêmico ou aliado ou guardião. Conhecer esse nosso aliado nos ajuda a saber mais a fundo sobre nossos limites, sobre o que realmente nos fortalece e o que nos faz perder energia. Diferentemente de outros animais que possamos invocar ou encontrar numa viagem xamânica, o animal de poder nos acompanha desde que nascemos e tem uma influência marcante sobre a nossa vitalidade. Saber quem ele é e estabelecer uma comunicação constante com ele nos ajuda muito nas questões territoriais externas e internas.

O animal de poder é conhecido de todas as tradições xamânicas e descrito como um espírito animal que nos escolhe. Em todas as manifestações artísticas mais arcaicas, como por exemplo as pinturas rupestres, são comuns as representações de homens e mulheres com partes – em geral a cabeça – de animais, numa referência a esta realidade energética. Muitas mitologias apresentam os deuses na companhia de animais capazes e conscientes, que os auxiliam na percepção e solução de problemas.

Na prática, mesmo sem sabermos, estamos em contato com essa presença, que muitas vezes se manifesta no corpo. Uma pessoa cujo animal de poder seja o urso muito provavelmente vai ser grande e troncuda, outra acompanhada por um lobo terá uma sensibilidade grande para odores.

As características do animal de poder se manifestam também na personalidade. Alguém com uma raposa como aliado terá a esperteza e rapidez daquele animal, além da capacidade de se camuflar.

Saber que animal nos acompanha ajuda muito a nos situarmos no mundo com harmonia, já que ele atua sobre nossos instintos e afeta a nossa energia vital. Tentar se comportar como um leão quando se tem um coelho como animal de poder é muito estressante e contraproducente. Por outro lado, saber com o que podemos contar desde nossos instintos nos auxilia em nossas escolhas. Entrar em contato com a energia do animal de poder ajuda também a demarcar limites, já que esta é a mais instintiva das atitudes entre animais que convivem num mesmo território.

**Exercício para conhecer o animal de poder**

Para conhecer seu animal de poder, faça os preparativos de uma viagem xamânica: respire, relaxe, isole-se em seu espaço de poder. Honre os quatro elementos acendendo uma vela, um incenso, dispondo de uma vasilha com água (ou um vaso de flores) e pedras ou cristais.

Ligue um cd com o som de uma batida contínua de tambores.

Declare para si a intenção clara de encontrar seu animal de poder.

Conforme você for despertando sua imaginação ativa com os exercícios xamânicos que sugerimos nesse livro, vai perceber que ela muda. No começo, é um certo esforço ver uma caverna ou uma floresta, que você precisa manter com sua atenção. Depois, conforme a passagem para esta outra realidade – o estado alterado de consciência xamânica – vai se firmando, você não precisa mais imaginar nada, essa outra realidade cria vida própria. No entanto, sempre é bom entrar ali, no leve transe que caracteriza uma viagem xamânica, com um roteiro definido e uma intenção clara.

No caso da descoberta do animal de poder, o roteiro inclui algumas verificações. Para você ter certeza de que está vendo (ou ouvindo ou ainda sentindo) seu animal, precisa perguntar-lhe. Ele deve responder que sim ou abraçar você como um velho amigo. Ou manifestar-se em quatro posições diferentes, ou ainda em número de quatro, como um casal de macacos com dois filhotes.

Imagine-se entrando numa floresta e encontrando uma caverna. Do lado de fora, há um animal à sua espera. Pergunte-lhe se é seu animal de poder.

Se não for, ele vai sumir ou dizer que não. Peça-lhe então para levar você ao seu animal.

Quando obtiver uma resposta positiva, ou vir o mesmo animal em número de quatro ou ainda em quatro posições, você o terá descoberto.

É provável que você sinta muita emoção, já que esta é uma parte essencial sua com a qual não estava tendo contato consciente.

Pergunte então ao animal o que ele tem para lhe ensinar. Depois agradeça pela sua presença, sentindo que a partir de agora vai estar sempre na sua companhia.

Volte pela floresta e saia do seu leve transe xamânico.

Se você não vir seu animal de poder na primeira viagem que tentar com este fim, não se preocupe. Nossa educação e cultura colocam tantas travas no caminho de nossa vida instintual que muitas vezes nossa mente resiste em receber imagens. O xamanismo trabalha principalmente com o hemisfério direito do cérebro, aquele que fica mais ativo em atividades artísticas, intuitivas, que dá respostas inusitadas. Quem treina demais o lado esquerdo do cérebro – aquele do pensamento racional, da causa levando necessariamente ao efeito – pode ter uma certa dificuldade em navegar nesse novo universo. Não coloque muitas expectativas e tente mais tarde.

## *A convivência com o animal de poder*

Aline sente que as coisas estão andando um pouco mais como deseja, mas ainda se vê muito oprimida pelas cobranças de todos. E Júnior a deixa um tanto fora de si, não consegue acertar a mão para discipliná-lo. Mesmo mais calmo por conta dos esportes, ele não pára de mexer nas coisas da irmã, que por sua vez exige de Aline proteção contra aquelas invasões. Camila reclama que os pais só prestam atenção ao irmão mais velho, deixando-a sempre de lado. A mãe é obrigada a lhe dar razão, Júnior consome toda a energia que sobra aos dois depois do trabalho.

Acha que está no caminho de boas mudanças através daquele seu lado que emerge calmo depois do ioga, que encontra soluções com a sabedoria dos animais, mas sente necessidade de mais poder. Aline resolve, assim, fazer uma viagem para descobrir seu animal de poder e pedir ajuda para resolver os conflitos entre os filhos.

Define sua intenção com clareza, relaxa e colocou um cd de tambor para tocar. Logo se vê numa floresta muito bonita e verde, seguindo uma trilha que dá numa caverna. Na entrada há uma pantera parda acompanhada de três filhotes. Lembra-se que, por estarem em quatro, de fato são uma manifestação de seu animal de poder.

Aline se aproxima sem medo da felina e é lambida por ela. Sem saber bem como, começa a entender o que a pantera pensa. As palavras vão aparecendo na sua mente como telepatia, sendo possível o diálogo com o animal. Senta-se e colocou os filhotinhos no colo, brincando com eles. Os três são muito bonitos, mas de repente começam a subir pelo tronco de Aline, fincando suas garras na pele dela para terem apoio. Na viagem, ela não sente dor, mas sabe que aquilo é um abuso. Com uma certa brutalidade, joga todos longe. A mãe deles diz que Aline tem que fazer aquilo mesmo, os bichos estavam passando dos limites e são como os filhos de Aline.

A mulher sente então que a pantera se funde a ela. Olha para si mesma e enxerga um corpo de felina, gracioso e forte. Sua energia começou a circular mais rapidamente e Aline é tomada por um poder inacreditável, como se pudesse subir numa árvore de um pulo só. A pantera lhe diz que esta é a força dela na realidade, quando não é invadida pelo medo ou pela culpa. E que deve usá-la sempre, tanto dentro da família quanto no trabalho.

Aline agradece muito, sentindo-se maravilhada com a experiência. Aos poucos volta pela floresta e abre os olhos, o corpo ainda vibrando com o encontro.

Está ansiosa para experimentar como é que seu poder vai se manifestar no contato com os filhos.

### *Exercício para lidar com seu animal de poder*

Depois que você conhecer seu companheiro animal, fique atenta para sinais que ele possa enviar. Colecione objetos que o representem, tenha figuras que lembrem e honrem sua presença. Se for um pássaro e você tiver a oportunidade, colecione penas.

Como toda relação, esta vai crescendo à medida que é cultivada e deve basear-se no respeito. A pele de um animal abatido com crueldade não é um objeto que amplie seu poder, por exemplo.

Como já dissemos, o animal de poder é responsável por nossa energia vital e lidar bem com ele equivale a dar um impulso à nossa própria vitalidade. Reconhecer que temos todos um animal guardião também nos ajuda a entrar em contato com a Natureza de forma mais profunda, como parte dela que de fato somos e não como usuários separados e inconscientes.

É importante notar que ninguém escolhe o animal de poder. Não adianta você achar a águia linda e maravilhosa e por esta razão querer que seja seu animal de poder, porque na verdade seu animal escolheu você no seu nascimento.

Assim, conhecer o animal de poder e estabelecer com ele um relacionamento de confiança é um grande passo para o autoconhecimento e para a solução de problemas.

### *Novas regras*

Aline entra no supermercado com pressa, precisando comprar algumas coisas para o jantar. Camila está junto, mais uma vez se queixando do irmão que arrancou a roupa de todas as bonecas naquela tarde. Aline pensa que realmente precisa dar um jeito no menino. Não é somente na escola que ele incomoda, parece sentir prazer em perturbar a irmã e invadir seu espaço.

Aline quase ruge. Está na hora de dar umas patadinhas no menino e fazê-lo enxergar o resto dos filhotes no mundo.

Camila começa a andar mais devagar, enquanto Aline se apressa para escolher o que vão comer mais tarde. A menina então se aproxima do carrinho com uma bonequinha na mão, dizendo: "Mãe, eu quero essa boneca."

Fica claro para a mulher que a menina quer uma compensação pelo que o irmão fez e pelo que resbonsabiliza a mãe. O jogo de chantagem é tão evidente que quase se ilumina na cabeça de Aline: sua filha está reforçando a culpa que a mãe costuma sentir quando alguma coisa dá errado com os filhos! Está tentando extrair algum ganho da situação, ainda que fazendo sua mãe sentir desconforto.

Aline se contém para não rir e diz sem raiva: "Não."

Camila não acredita. É a primeira vez que sua mãe não cede depois de Júnior ter aprontado alguma arte com ela. Ela sempre conseguia algum brinquedo ou revistinha ou chocolate. Começa a choramingar e repetir: "Eu quero, eu quero!"

Aline continua a fazer as compras, deixando-a para trás. Camila não tem dúvidas, passa a gritar e bater os pezinhos no chão e chamar a atenção das pessoas em volta.

Aline sente a desaprovação dos adultos perturbados pelos berros, olhando para ela com aquela explícita mensagem de "essa mãe não sabe cuidar da filha".

Aline quase solta um rugido de novo. Sua pantera está aflorada, mostrando os dentes, recusando-se a ser dominada pelo jogo de culpa em que sempre caiu. Anda a passos firmes até Camila, pega a bonequinha de sua mão, coloca-a de volta na prateleira, ergue a menina e a senta, no carrinho de compras. A menina pára de chorar de susto com tão súbito movimento da mãe.

Aline termina as compras sem tentar se agraciar com a menina, mas tampouco sendo agressiva. Sente a energia do seu animal de poder mudando toda a sua postura.

Chegando em casa, vai com a mesma firmeza até o quarto dos meninos, desliga o computador de Júnior e o manda colocar as roupas de volta nas bonecas de Camila.

O menino fica tão surpreso quanto a irmã, mas reage de forma automática: "Agora estou pesquisando na internet para minha lição de casa."

"Você estava jogando e vai fazer o que mandei agora. Senão vai ficar sem computador por uma semana" diz Aline sem raiva, mas com os pelos da nuca arrepiados.

Júnior resmunga, ainda quer enrolar, mas Aline é tão firme que ele obedece. Ela dá quinze minutos para que ele termine a tarefa e depois vá mostrar-lhe as bonecas vestidas na cozinha.

Depois do jantar, na companhia de Pedro, Aline estabelece novas regras. Informa a Júnior que, cada vez que pegar alguma coisa da irmã, vai perder o uso do computador ou da televisão. O tempo será correspondente à seriedade da invasão.

Quanto a Camila, Aline decreta que, se a menina fizer escândalo mais uma vez num lugar público como naquela tarde, vai também ficar sem ver seu programa predileto na televisão por uma semana.

As crianças fitam a mãe com olhos arregalados, sentindo que ela não está para brincadeiras. É até um pouco assustadora. Pedro fica igualmente espantado com a firmeza da mulher, mas aprova o silêncio reinante depois das novas regras. Será que finalmente vão ter paz em casa?

**Exercício de limites e empoderamento**

Antes de expor limites, definir regras, determinar punições no caso de filhos, entre em contato com você mesma e descubra **o que realmente importa para você**. O que é essencial que os outros respeitem, e o que não é essencial e você pode ceder.

Lembre-se de permanecer na energia da parceria, não da competição. Você não deve se impor aos outros, mas apenas negociar que respeitem seus limites. Permanecer centrada na sua necessidade essencial ajuda a concentração e evita que você seja atraída para a raiva. Você não quer vencer o outro, mas colocar o que é importante para você.

Seja clara quanto ao que deseja. Diga: "Eu quero…" ou "Eu não quero..." com precisão. Não vale dizer "eu quero que você reconheça meu valor", porque isso não é claro. Melhor algo como "eu quero que você chegue em casa na hora em que diz que vai chegar ou telefone avisando de quanto será o atraso. Eu não quero ficar esperando horas e horas com o jantar esturricando no forno". Essas são afirmações de limites bem claras. Exponha o que a perturba, o que você sente que está acontecendo, sua visão do conflito e como seu espaço está sendo invadido. Repita sempre, com clareza e sem raiva, o que você quer ou o que não quer.

É importante lembrar que o seu limite chega até onde começa o do outro. Você não pode querer que a outra pessoa faça algo contra a essência dela ou, no caso de uma criança, que tenha um comportamento para o qual ainda não está madura. Isso seria desrespeitar os limites do outro.

# 6 A mãe solteira

Corina é colega de Aline na empresa onde trabalham. As duas não se conhecem há muito, mas se aproximaram quando começaram a conversar sobre os filhos. Anabela, a filha de Corina, está tendo problemas na escola. Ela não se relaciona com os colegas e se recusa a responder às perguntas dos professores. Numa história que Aline reconhece no mesmo instante, Corina foi considerada responsável pela introspecção exagerada da filha. Os orientadores disseram que a mãe não está dando suficiente atenção à menina e que talvez precise dos cuidados profissionais de um terapeuta.

Corina, exatamente como Aline e tantas outras mães no universo, sente-se culpada e ansiosa, sem saber o que fazer. Ela cria a menina de oito anos sozinha, já que o pai se recusou a assumir a criança e sumiu de sua vida antes de ela nascer. Corina é pai e mãe ao mesmo tempo, recebendo alguma ajuda de seus pais mas não o suficiente para sentir-se amparada. Ela é a provedora e responsável absoluta pela filha.

De fato não é sempre que tem tempo para conversar com ela, já que trabalha o dia inteiro longe de casa, a mais de uma hora de distância. Corina contratou dona Joana, uma vizinha que vai pegar a menina na escola e a leva para casa até que a mãe chegue. Dona Joana é um amor de pessoa, mas também muito simples, sem maiores possibilidades de resolver problemas com a garota, tirar dúvidas para a lição de casa ou estimulá-la a qualquer outra coisa que não assistir televisão. É a mãe que precisa ajudar a menina com a lição, quando ambas já estão bem cansadas.

A situação é pouco ideal, já que Corina fica sem energia e tempo para brincar com sua filha ou mesmo conhecê-la melhor. Ela não se arrepende de ter-se tornado mãe, mas preferiria estar num casamento com alguém que a ajudasse e que cuidasse dela também. É bem duro ser obrigada a mostrar-se forte o tempo inteiro, capaz de resolver todos os problemas sozinha. Chorar é um luxo a que não pode se permitir, ou só raramente.

De maneira nenhuma ela teria feito de outra forma. Foi difícil passar a gravidez explicando para os colegas de trabalho, da faculdade, os amigos da família que o pai da criança era tão irresponsável que tinha sumido na poeira. Os olhares de pena e crítica velada, dando a entender que ela tinha escolhido o caminho errado, a perturbavam mais do que os eventuais enjoos, os pés inchados, o peso da barriga e a pressão nas costas. Claro que ela tinha ficado com raiva do ex-namorado. Claro que tinha morrido de medo do futuro como mãe solteira. Mas logo no primeiro mês tinha sentido amor pela vida que crescia dentro dela e não podia nem pensar em terminá-la. Anabela fazia todo sentido, era o que tinha feito de mais certo na vida.

Só que agora é uma corda bamba cuidar dela. Tudo custa caro, o emprego paga pouco e exige muito, ela tem que ler livros técnicos para ter chance de promoção, precisa mostrar-se disposta a levar trabalho para casa quando precisa, logo terá que fazer alguma especialização para permanecer no páreo. Ao mesmo tempo Anabela é quieta, sensível, não tem amigos, apenas alguns invisíveis. Para a mãe isso não era problema, mas agora foi obrigada a admitir que, por não reclamar, a filha ficou mesmo um pouco de lado. Tem lá o mundo dela e não se abre para quase ninguém.

Foi um choque ser chamada pela escola e ficar sabendo que a filha está sofrendo de falta de atenção.

Em sua ansiedade, acabou conversando com a colega de andar que sabe também ter filhos. Aline a ouve com simpatia, ainda mais quando percebe que Corina está sentindo a mesma culpa que ela com Júnior. Anda aliás muito alerta para esse sentimento nas outras mulheres, notando que é muito mais comum do que imaginava.

Fala então à colega sobre suas experiências com xamanismo.

## *A mãe provedora*

Corina, assim como tantas mulheres que criam filhos sem a ajuda de companheiros, tem problemas um pouco diferentes das mulheres casadas como Aline. Aquela lista imensa de expectativas para a mulher continua valendo para a que está sozinha, mas a ela se acresce uma certa condenação social pelo fato de não ter um homem a seu lado.

Em nossa sociedade, ainda que tantas mudanças tenham acontecido, isto é visto como algo essencialmente errado. A mulher que permanece solteira levanta suspeitas sobre sua feminilidade, capacidade de dedicação, estabilidade emocional. Aquela que foi abandonada por um homem depois que ele a engravidou, então, é em geral vista como incompetente como mulher, além de incompleta para a vida.

Corina, dessa forma, não sofre competição dentro de casa pela autoridade nem é acusada por ninguém de ser uma mãe incompetente, mas sente o peso dos julgamentos de todos em volta. E, curiosamente, todo mundo – inclusive o padeiro – sente-se no direito de opinar sobre a vida de uma mulher que não seja clara propriedade de um homem. Aquela pobrezinha sem noção precisa de diretrizes, pensam todos. E falam sem pudores.

A moça, em reação, tenta parecer o mais competente possível em tudo. Ela é quase que obrigada a se transformar num ser masculino para resolver os problemas do carro, pagar as contas, enfrentar as pressões no trabalho, a competição pelos aumentos e a atenção da diretoria, não demonstrar o medo que sente de perder o emprego e não ter como sustentar a filha.

Sem perceber, Corina entra numa energia muito masculina, de enfrentar com certa agressividade o que não parece bom, de ser dura consigo mesma para conseguir o que precisa. Como todas as mulheres que trabalham, sejam elas mães ou não, Corina precisa aprender a se comportar como os homens em muitas e muitas situações. Numa reunião sobre prazos, ninguém quer saber se ela está bem ou preocupada com a filha, querem apenas resultados. Essa forma de ir atrás de objetivos e metas é uma das maneiras masculinas de existir, imposta a todos porque é a que atualmente domina o planeta.

Claro que essa atitude é boa e útil num sem número de situações, mas qualquer pessoa que já tenha sentado numa reunião sobre prazos curtíssimos e quantidades de tarefas impossíveis de serem cumpridas sem muitas horas extras agoniadas sabe sobre a ansiedade que toma conta do estômago, as dores de cabeça que exigem toneladas de medicamentos, a tensão que domina os dias e tira o prazer de qualquer atividade dentro ou fora do trabalho.

Ninguém se detém para pensar que, apesar de muito comum, essa forma de viver e trabalhar não é a única possível. Se a ânsia de perseguir objetivos e atingir metas no curto prazo – super masculina – fosse temperada por uma preocupação mais feminina com o bem-estar das pessoas e com a produtividade no longo prazo, todos sairiam ganhando.

A forma feminina de considerar o mundo, que inclui uma visão das relações entre as pessoas, uma percepção das tensões que se acumulam e que podem ser destrutivas, uma consideração pelas pessoas como seres vivos e não apenas mecanismos dentro de uma máquina produtiva, precisa ser chamada para dentro dos sistemas de trabalho e de relações entre todos para que homens e mulheres vivam de forma mais equilibrada.

Mas não é isso que acontece na maioria dos ambientes de trabalho no Brasil.

Sobreviver em ambientes tão hostis à vida e à saúde é um desafio para todos, mas especialmente para as mulheres. Como elas se sentem responsáveis pela casa e os filhos, acabam puxadas em direções opostas como numa câmera de tortura. De um lado, prazos e trabalhos que nenhuma pessoa consegue dar conta; de outro, os problemas de crianças que crescem, precisam de atenção, exigem cuidados. Um homem se sente desculpado a abandonar os filhos nessa encruzilhada e vê-los apenas nos finais de semana, se tanto, mas as mulheres não podem.

Uma mulher sozinha pode menos ainda. Aumenta para ela a pressão como provedora enquanto não há alívio para a pressão como mãe. Ela sente culpa por não ter tempo para os filhos, mas sofre também todas as cobranças no trabalho inclemente e áspero. É completamente heróica a missão dessas mulheres mães de manter dois papéis tão conflitantes, que dirá a autoestima de ser estraçalhada por tantos rolos compressores.

Corina, assim, já faz tempo que precisa se fortificar para suportar o ambiente de trabalho, considerando a si mesma uma fraca por ficar tão assustada. Ela detesta toda vez que sua supervisora a confronta, áspera e arrogante, querendo saber por que esse documento não foi anexado ou aquele nome saiu escrito errado. Ou qualquer outro detalhe que não vai mudar nada nem prejudicar ninguém, mas que a dona Silvana trata como o cataclismo do século.

Corina aceita o ataque como natural, como parte daquele lugar pouco humanizado. Tem raiva, medo, fica cansada, chega em casa um trapo sem condições de pensar em Anabela ou fazer qualquer coisa por ela. A única saída que consegue imaginar para resolver sua situação é a morte súbita de dona Silvana ou ganhar na loteria.

O xamanismo, como já dissemos, não faz ninguém escolher o bilhete ganhador na loteria, mas ajuda a criar uma situação de vida melhor. O que parece instalado, permanente, começa a se dissolver quando temos consciência do que é e do que queremos.

O que Corina precisa fazer – e que não é nada fácil, porque não há muitos exemplos externos – é valorizar-se como mulher. Nós todos temos uma porção feminina e masculina dentro de nós, mas a vida social e profissional nos obriga a desenvolver muito as habilidades masculinas.

Quem trabalha fora, seja de que sexo for, precisa puxar pelo seu lado competitivo, objetivo, disciplinado, organizado, aquelas características mais masculinas do ser humano. Mas não recebemos o mesmo treinamento obrigatório para desenvolver nossa empatia, capacidade de ouvir e falar na hora certa, ter adaptabilidade, estabelecer relações horizontais de respeito, mostrar tolerância para com as diferenças e cuidado para com as limitações das pessoas.

O ambiente muito masculino se organiza em forma de pirâmide hierárquica rígida, com um macho alfa lá em cima rosnando e mordendo quem chegue perto. Tudo funciona rápido, mas a base é o medo.

Um ambiente mais feminino terá uma organização circular, de colaboração em substituição à competição. Homens e mulheres nesse ambiente serão mais propensos a demonstrar solicitude em vez de negação das necessidades que todos temos com seres humanos.

Num ambiente regido pelo masculino, uma mãe que tenha filho com problemas não receberá atenção alguma, ao contrário, talvez sendo dispensada por não poder se dedicar exclusivamente ao trabalho que seu chefe exige.

A mesma mãe num ambiente regido pelo princípio feminino talvez consiga horas livres no meio da tarde, receba simpatia dos chefes, apoio dos colegas e mesmo solidariedade caso o problema seja grave. Nesse local mais voltado para a parceria, a família é entendida como parte integrante da pessoa e ajudá-la é fazer com que o ambiente de trabalho seja justo e produtivo para todos.

Corina precisa perceber que existe essa outra forma de organizar o mundo e que seus sentimentos de repulsa pela maneira brusca com que é tratada são muito apropriados. Ela não deve sentir-se incapaz ou fraca, mas sim uma pessoa dentro de um sistema pouco adaptado para a humanidade.

## *A recuperação do masculino e do feminino*

Os sistemas regidos pelo masculino exacerbado que todos conhecemos na verdade não são bons para ninguém, nem homens, nem mulheres. O desequilíbrio de haver apenas um princípio em ação faz com que o pior venha à tona. Os aspectos úteis da objetividade, da linha reta, da organização são sobrepujados pela competitividade, pelo desprezo pelos mais fracos, pela arrogância, pelo uso da força.

A distribuição do poder em pirâmides rígidas favorece a corrupção e o abuso de poder, abafando os atributos masculinos de integridade e proteção dos mais fracos. Todos temos necessidade de sentir que existem pais generosos, que cuidam de fato de seus filhos. O arquétipo do masculino que cuida e protege é dos mais poderosos na humanidade e desperta energias de segurança, de fazer com que cada um se sinta ajudado a sair pelo mundo.

É também muito masculino o sentido de justiça igual para todos, de imparcialidade no tratamento, de incentivo a que os filhos deem o melhor de si e desenvolvam seus talentos.

Tudo isso tem sido soterrado em homens e mulheres porque há o endeusamento da força pela força, do exercício do poder sobre o outro sem restrições.

O masculino só pode mostrar seu lado melhor quando equilibrado com o princípio feminino. As religiões das sociedades mais duradouras e pacíficas da terra, como por exemplo a egípcia, mostram igual proeminência de deuses e deusas, de atos de guerra e de agricultura, de cuidado com a política e as crianças. Numa sociedade de mais equilíbrio entre os princípios, todos cuidam mais da natureza em lugar de apenas usá-la, assim como das crianças, dos idosos, dos animais.

O feminino, nesse nosso ambiente de ápice do masculino, fica por sua vez muito suprimido. Não há lugar na rotina da maioria das pessoas para sentimentos como o da compaixão, o que nos leva a passar direto, sem fazer nada, diante de cenas de sofrimento explícito de pessoas e animais à nossa volta. Nos ambientes de trabalho então nem se fala, torturas psicológicas diárias acontecem debaixo do nariz de todos como se fossem naturais.

Assim, vivemos numa civilização em que tanto o princípio masculino saudável como o feminino são reprimidos.

Vamos observar aqui que, apesar de nós autoras sermos mulheres, não achamos que as mulheres sejam anjinhos vítimas do sistema. Como comentamos antes, todas nós contribuímos para o sistema que no momento rege o mundo ao abafarmos em nós mesmas o princípio feminino saudável, que é a expressão da criatividade, da misericórdia, das relações sem hierarquia. As mulheres em especial, como maioria, mostram um feminino passivo, servil, fraco porque, vamos lembrar, essa postura traz vantagens dentro do esquema hierárquico de força. Assim, todos, mulheres e homens, fazemos parte do que impera por aí – e podemos contribuir para desmontar!

As conversas com Aline levam Corina a ter esperança de algo diferente em sua vida. Dá para perceber que a colega está agora mais calma, menos ansiosa com o marido e o filho problema.

Corina começa a praticar algumas das meditações, a cultivar seu espaço de poder, a experimentar ver a realidade de outra forma. Como será que ela mesma está contribuindo para criar aquilo em que vive?

Esse pensamento a deixou bem intrigada.

Mas a ansiedade de sentir-se puxada para lados diferentes não diminui, até que resolve fazer o exercício que apresentamos a seguir.

**Exercício para libertar o casal acorrentado**

Todos nós temos um homem e uma mulher muito saudáveis, capazes e equilibrados dentro de nós. Esses princípios são arquetípicos e contêm muita energia, não só para cada um de nós como para a humanidade como um todo.

A forma como nossa sociedade está organizada não abre espaço, como já dissemos, para a expressão desses arquétipos. Tudo o que ouvimos e aprendemos desde o berço nos ensina a acorrentar esse homem e essa mulher poderosos e equilibrados. Só assim conseguimos aceitar trabalhar o dia inteiro num ambiente inóspito e desagradável para termos dinheiro para comprar coisas que não alimentam a alma.

Libertar esse casal nos dá força para virar nossa vida de pernas para o ar, se assim quisermos. Com os dois princípios soltos e com espaço para se manifestarem, temos acesso a novas maneiras de ver e agir.

Vamos assim conhecer esse casal e soltá-lo.

Vá para o seu lugar de poder, relaxe, respire até sentir que está calma. Desligue-se dos seus problemas, dê a si mesma uma pausa.

Deite-se, feche os olhos e ligue o cd com toque de tambor, que a essa altura esperamos que você já tenha.

Estabeleça a intenção clara de encontrar o homem e a mulher essenciais dentro de você. Imagine-se num lugar na natureza como uma clareira, um lindo gramado, um campo florido onde você se sinta bem.

Chame seu animal de poder e peça que ele a leve até esse seu casal interno. Permita-se conduzir, não queira determinar o que você vai ver ou sentir.

Quando encontrar o homem, a mulher ou os dois, observe como estão: se felizes, tristes, machucados.

Se um deles ou ambos estiverem com algum problema, peça ao seu animal de poder para ajudá-la a curá-los.

Lembre-se que aqui, no âmbito da imaginação ativa, tudo é possível. Uma passada de mão, um fogo jogado pelo ar cura feridas profundas no mesmo instante.

Caso veja que o casal está acorrentado, liberte-os. Você tem força para arrebentar correntes, assim como seu animal, mesmo que seja uma borboleta.

Quando sentir que os dois estão bem, recuperados, livres, agradeça por a cura ter acontecido (eles são parte de você mesma, lembre-se) e venha voltando lentamente para a consciência desperta.

Se você sentir que uma viagem não foi suficiente para resolver tudo, volte lá numa outra ocasião. Deixe passar um dia pelo menos e faça novo relaxamento e imaginação ativa para voltar à cena e resolver o que tiver ficado pendente.

### *Quebra das correntes*

O animal de poder de Corina é o quati, aquele bicho parecido com um ursinho super ágil, que tem uma espécie de máscara de pelos pretos em volta dos olhos.

A energia desse animal é a de muita habilidade manual e proximidade com a água. O quati, também conhecido como guaxinim e rato-lavador, tem o curioso hábito de lavar sempre as mãos e tudo o que come. Ele adora crustáceos, mas come de tudo. Isso traz para a pessoa que o tem como animal totêmico (ou de poder) a facilidade para lidar com as emoções, que no mundo simbólico são representadas pela água. Todo ser que vive na água ou nada ou mergulha dá à pessoa da qual é aliado o discernimento e a facilidade de nadar, entender, mergulhar nas emoções.

Ele tem ainda o poder da transformação e do disfarce. A máscara do quati é um símbolo muito poderoso – desde as mais antigas tradições dos índios norte-americanos – de capacidade de assumir papéis muito diferentes. Esse bicho, aliás, é o terror das donas de casa nos EUA (onde é conhecido como *racoon*), porque se adapta nas cidades, abre qualquer porta, destranca qualquer recipiente para achar comida.

Corina, quando vê que o tem como animal aliado, começa a sentir como de fato ela consegue mudar totalmente a forma de tratamento quando está com pessoas diferentes como a dona Joana, sua colega Aline, sua supervisora Mara. Percebe também que assume uma máscara profissional muito marcante, que nem deixa aparente o quanto está ligada à sua filha e se preocupa com ela.

Quando faz o exercício de imaginação ativa para encontrar o casal essencial, vê-se num campo aberto na companhia de seu animal de máscara preta. O quati a leva – correndo e pulando com alegria – a uma clareira onde ela encontra um homem de pé, com uma bola de ferro acorrentada ao tornozelo. Ao seu lado está uma mulher completamente amarrada com correntes de ferro que formam como que um casulo. Ela não tem como mover um dedo.

Corina sente de repente todo o peso daquelas correntes, fica assustada, mas sabe que tem que tomar uma providência imediata. Olha para o quati no chão ao seu lado e pede-lhe ajuda.

Ele não se faz de rogado. Pula na prisioneira enrolada em correntes e vai, com suas mãozinhas ágeis, abrindo os elos das correntes e puxando-as para longe do corpo da mulher. Do nada surge um rio ao lado da cena e ele leva, com delicadeza, a mulher até a água, onde a mergulha e tira várias vezes. As feridas na pele dela vão sarando e ela ganha cor e sorri.

O animal depois corre para o homem, mas abrir a tornozeleira de ferro não é tão fácil. O homem quer ajudar mas na verdade atrapalha o trabalho delicado do quati. Corina se aproxima do homem e o toca no ombro com compaixão, sentindo toda a dor daquela bola acorrentada nos pés. O homem a olha e se acalma, e o quati consegue libertá-lo. Corina o leva também para o rio, deixando que a água cure suas feridas.

Deixa o casal bem na clareira, sem qualquer ferimento ou corrente, e vai retornando pela floresta com o quati até sentir-se de volta em seu corpo, no seu quarto, ouvindo o cd do tambor.

Na semana seguinte, aparece uma oportunidade no trabalho de cuidar de um projeto novo, mas que exigirá que o responsável fique duas noites por semana até bem mais tarde, proporcionando um treinamento para a equipe.

Corina sente, ela nem sabe dizer de onde, a confiança de que será capaz de assumir aquele projeto. Mas sabe também que não pode ficar duas noites longe da filha sem uma compensação para a menina. Respira fundo, olha para a imagem de quati que colocou no fundo de tela de seu computador e conversa – mentalmente, que ela não é assim tão louca – com ele sobre a situação.

A cara sorridente do bicho a inspira. Escolhe um período da tarde em que sabe que sua supervisora se ocupa de outro departamento e vai direto falar com o gerente responsável pelo novo projeto. Espanta-se com sua audácia, consegue falar sem que a voz trema e exibe até segurança no assunto.

Ela não só mostra a ele que é qualificada para treinar os novos funcionários nos procedimentos que a empresa quer implantar como extrai do moço uma dispensa equivalente às horas em que ficará no período noturno. Trocará horas à tarde pelas extras à noite, o que lhe dará tempo para sentar-se com sua filha, acompanhar sua lição, conversar sobre o que está acontecendo na escola.

O gerente aceita sua proposta quando ela diz que vai usar as horas fora para cuidar da filha. Espantosamente, Corina pela primeira vez naquele ambiente de trabalho sente que alguém ouve uma necessidade sua. O gerente chega a ser simpático, mostrando compreensão como nunca antes exibiu.

Corina reflete que libertar seu homem interior lhe deu coragem para colocar-se numa situação de mais exposição e risco no trabalho, enquanto que soltar sua mulher criou uma oportunidade na vida real de cuidar melhor de sua filha.

O que Corina não percebe mas nós contamos a você, cara leitora, é que, pelo fato de estar com seu princípio feminino mais ativo e saudável, ela consegue criar ressonância com o princípio feminino do gerente, que a compreendeu e acolheu seu pedido.

Esse é o modo como a “magia” do xamanismo acontece.

### Construção do totem do masculino e do feminino

O totem é uma representação física de símbolos importantes para uma comunidade. Os mais famosos são como grossos postes de madeira com figuras de animais entalhados, formando como que uma pilha de símbolos. Alguns têm como que asas lá no alto, formando um grande T.

Os animais escolhidos representam as forças que aquela comunidade acredita serem favoráveis, protetoras, ancestrais, parte da sua família. O totem, assim, é um objeto ao mesmo tempo sagrado, de inspiração do lado melhor das pessoas, uma representação do poder que está à sua disposição naquele local.

Construir um totem é um exercício de tornar real, físico, o poder simbólico que sentimos existir dentro de nós. Como seres físicos que somos, preferimos o que podemos ver e sentir. Assim, dar forma ao que é pressentido mobiliza esses poderes e facilita sua expressão no mundo que entendemos como real.

Aqui, estamos sugerindo não um totem qualquer, mas um que represente os princípios do masculino e do feminino que existem dentro de nós na sua forma mais ativa e saudável. O totem é inteiramente positivo, não devemos incluir nele nada dúbio ou sombrio. Coisificar esses dois princípios de uma forma criativa e pessoal vai facilitar o caminho para que você faça uma integração do masculino e do feminino dentro de si.

Reserve um momento calmo em que possa ficar consigo própria sem ser interrompida. Desligue o celular e outros aparelhos sonoros. Utilize seu espaço de poder para a criação. Você pode colocar uma música suave ou o som de tambores, acender incenso ou uma vela, já que o fogo representa a criatividade.

Nesse estado calmo e internalizado, pergunte a si mesma quais as qualidades e imagens que você relaciona ao feminino. Você pode ver de tudo nesse instante, tanto mulheres lindas que conheça pessoalmente ou pela mídia até figuras mais abstratas, como a energia de Nossa Senhora com seu filho sagrado no colo. Não tenha pressa, deixe as imagens virem. As formas do feminino, apesar de toda a opressão em que vivemos, são muitas. Há as mulheres sábias, ganhadoras de prêmios Nobel, escritoras, líderes políticas, pacifistas, assistentes sociais, madre Teresa de Calcutá e uma infinidade de expressões dessa energia doadora. Sinta o prazer que existe em entrar em contato com esse princípio tão importante para nossa paz.

Chame também suas ancestrais. Você já tem no seu sangue, no seu DNA uma série de qualidades e forças vividas pelas muitas centenas de milhares de mulheres que proporcionaram a sua existência aqui hoje. Sinta como você faz parte dessa linha. Suas avós e tataravós e aquela mulher lá daquela tribo da África milhares de anos atrás que resolveu sair andando e espalhar seus filhos pelo resto do planeta são parte de você. A força, a esperteza, a resistência, a sabedoria de suas ancestrais existem dentro de você e podem ser invocadas quando você precisar.

Se surgir para você uma imagem ou ideia de mulher com aspectos negativos do feminino, como por exemplo uma serva, ou uma que vende sua dignidade para obter favores, ou manipuladora, vítima profissional, fofoqueira venenosa ou outro perfil destrutivo qualquer, perceba, agradeça a visão e dispense a figura. Não lhe interessa colocar uma fofoqueira no seu totem, não é mesmo?

Abra os olhos e escreva ou desenhe (não importa a qualidade do traço) os símbolos e figuras ou palavras que representem esses atributos femininos interessantes que você viu.

Depois, em seguida ou em outro momento, peça ao seu interior que faça o mesmo em relação ao princípio masculino, mostrando imagens ou símbolos do que se relaciona com este outro polo. Veja as muitas figuras que provavelmente surgirão relacionadas ao guerreiro, ao provedor, ao chefe, ao sábio, ao professor. Foque principalmente as expressões de ordem, positivas, sem se deixar invadir pelos exageros do masculino. Caso apareça algum aspecto violento ou tirânico ou cruel, dispense-o, pois tampouco interessa a você honrar esses desequilíbrios disfuncionais.

O masculino será provavelmente mais fácil e conhecido, já que se impõe com tanta veemência em todos os setores de nossa vida. O importante aqui é entender que você está chamando pelo masculino que é seu, sua força essencial latente ou ativada em partes dentro de você mesma.

Chame por seus ancestrais e entre em contato com as figuras de caçadores, exploradores, construtores de templos e cidades que estão entranhadas no seu sangue. Sinta a inteligência, a organização, a disciplina e todas as qualidades masculinas que emanam de seus tatara-tataravós e que com certeza ajudam você a sobreviver no trânsito.

Siga o mesmo procedimento de dar tempo, deixar que os símbolos e imagens venham, depois anote ou desenhe o que você gostar mais.

Finalmente parta para a construção do seu totem do masculino e do feminino.

Escolha o material com o qual sinta mais afinidade: papel, argila, madeira ou outro qualquer.

Papel: escolha uma bonita cartolina e trace as bordas de um grande T, deixando o interior vazio. Escreva dentro dessa forma que você delineou e que é seu totem as qualidades que deseja acionar em você, do seu masculino e do seu feminino. Vá misturando os dois princípios, entrelaçando as palavras que representam aspectos fortes e saudáveis da sua mulher e do seu homem essencial. Não deixe espaços vazios, faça uma figura compacta de palavras, que podem ser escritas em cores diferentes.

Argila: modele símbolos que representem o masculino e o feminino saudáveis para você. Use a estética dos totens tradicionais, empilhando as diferentes figuras para erguê-lo. Faça do tamanho que sentir harmonioso. O totem não precisa ser uma obra de arte, mas um objeto de poder. Não importa se sair tosco ou irreconhecível para os outros, o que interessa é que você olhe para ele e entenda o que colocou ali.

Madeira: se você tem habilidades de entalhe, pode seguir ainda mais perto a tradição dos totens, que em geral são grandes entalhes. Esculpa da forma que puder os símbolos do masculino e do feminino, cuidando para que haja equilíbrio entre as duas representações. As asas do totem se estendem para a realização no mundo, faça com que uma delas seja o masculino em ação e a outra o feminino, ambas de igual tamanho e poder.

Se você tem outras habilidades manuais, como costura ou desenho ou pintura ou tecelagem, você pode construir seu totem na forma que desejar, sempre lembrando que ele é uma coisificação das energias que você encontrou dentro de você do masculino e do feminino ativos e saudáveis. Quanto mais entrelaçadas e harmônicas estiverem as representações dos dois princípios, tanto mais fácil será a sua incorporação no seu cotidiano.

Coloque o totem num lugar visível e o honre como um objeto sagrado. Dê a ele o nome das forças que representa. Nós o chamamos de totem do masculino e do feminino, mas você pode se inspirar e sair-se com outras alternativas, como totem do casamento sagrado, do homem e da mulher em equilíbrio, do homem e da mulher essenciais etc.

### *Ativação dos poderes*

Corina resolve aplicar esse exercício. Numa das tardes livres conquistadas com sua negociação, decide costurar uma almofada enquanto conversa com sua filha. Anabela está, nessa terceira tarde em que passam juntas sem pressa, já um pouco mais falante. Corina tem a ideia de começar o projeto da almofada explicando o que faz para a filha. Ela já meditou sobre o que quer representar e resolveu que um lado da almofada será o seu masculino e o outro o feminino, com retalhos, fitas e bordados acrescentados em profusão.

A filha no começo não entende muito bem, mas quando vê a mãe costurar uma fita azul-escura num fundo bordô e dizer que é a sua coragem, pede para brincar também. Com muita animação, quer que a mãe acrescente um carrinho no lado masculino e diz que vai dirigir melhor que os meninos quando crescer.

Corina sorri e sugere que Anabela desenhe algumas das qualidades que deseja, escolhendo as que vão para o lado feminino e o lado masculino. Tem a agradável surpresa de perceber que a menina se interessa muito, quer participar e que ainda por cima contribui com ideias bem poderosas. Desenha uma mulher segurando a mão de uma criança num cenário colorido e feliz, que se torna o centro do lado feminino.

Corina reflete que o totem está funcionando antes mesmo de ficar pronto, facilitando o contato com sua filha e permitindo a ela ser a mãe amorosa que sempre desejou.

A almofada vira um troféu colorido, cheio de continhas, lantejoulas e bordados produzidos pelas mãos habilidosas de Corina, e exibida com orgulho no sofá da casa.

# 7 A gravidez inesperada

Corina começa os treinamentos à noite para turmas de trinta pessoas de cada vez. Apesar do nervosismo inicial, na verdade pânico mesmo de falar para tantos engravatados mais velhos do que ela, consegue passar a matéria de forma organizada. Descobre que tem jeito para fazer piadinhas de vez em quando, aliviando a tensão e fazendo com que todos permaneçam acordados. O supervisor do setor que está recebendo os treinamentos vem cumprimentá-la, elogiando seu trabalho. Corina fica muito feliz, porque o aval daquele homem faz com que o projeto piloto seja expandido para a empresa inteira, incluindo as filiais e fornecedores de outros estados.

Durantes os meses desse trabalho que a projeta dentro da empresa, Corina faz amizade com Rosa, a pessoa responsável pela logística dos treinamentos. Essa sua colega não só é confiável em relação a horários e transporte, como mantém o bom humor. Quando o *data show* apagou para não mais ressuscitar em Araraquara, Rosa provocou muitas risadas na turma ao fazer mímica para interpretar os gráficos enquanto Corina falava e ao desenhar – bem mal – as tabelas no flipchart.

Rosa é um pouco mais velha do que Corina, mas tem a disposição de uma pessoa de trinta anos. Quando, de repente, fica mais calada e desanimada, Corina estranha muito. Depois de dois meses juntas indo para vários cantos do estado, ela percebe no mesmo instante que as olheiras no rosto da amiga não são boa coisa.

Rosa resiste a contar de imediato o que a está perturbando, mas acaba cedendo. Corina é simpática e tem um lado maternal forte, que fica ativado na presença do sofrimento da colega. Sua energia de acolhimento derruba as barreiras da outra mulher, que termina por chorar durante um café que as duas tomam depois de um longo dia.

Rosa diz que está arrasada por conta de sua filha Bruna, de dezesseis anos. Na semana anterior, ela descobriu que a menina está grávida de três meses. Pior, a garota ficou revoltada. De patricinha baladeira popular com os colegas, Bruna se transformou numa respondona, agressiva, que pontua cada conversa batendo a porta do quarto. Isolou-se das amigas e não quer mais ir a festa nenhuma, achando-se feia e pesada.

Rosa está sendo obrigada a lidar não só com a filha em crise como com seus próprios sentimentos. Ela não cogitou nunca em ser avó, quanto mais agora! Não tem a menor ideia de como eles vão acomodar essa criança na rotina instalada da casa, onde irão colocar esse bebê, se terão dinheiro para cuidar dele. Nossa, como criança dá despesa! Agora que eles já passaram por todo o aperto de criar os dois filhos, a Bruna aparece com essa.

Rosa acha que a filha não vai cuidar da criança direito, mas ao mesmo tempo a menina se recusa com violência a sequer falar em aborto. Tudo a deixa furiosa. Para piorar, Marcelo, o marido de Rosa, está também tomado de raiva. Com Bruna sim, mas mais ainda com a esposa, porque Rosa não tomou conta da filha como deveria. É dela a culpa pela menina andar em más companhias, transar com aquele namorado desmiolado que vai demorar uns cinquenta anos para começar a ter qualquer responsabilidade.

A culpa é da mãe, que trabalha fora, fica dias longe de casa, dá mais importância à sua carreira do que aos filhos.

Corina ouve o desabafo com espanto. Não imaginou o tamanho do drama na vida da amiga, que consegue manter seu profissionalismo com tantos problemas em casa.

Sente-se comovida e conta da própria vida, de como é ser mãe solteira, como sofre tantas vezes por ser pai e mãe ao mesmo tempo, sem um parceiro para lhe dar apoio.

A conversa entre as duas alonga-se, as mulheres abrindo o coração sobre as dúvidas e principalmente as culpas que sentem. Corina então relata a Rosa as experiências que está fazendo com xamanismo, que Aline apresentou a ela. Fala até mesmo do seu animal de poder, apesar de esta ser uma noção tão estranha de se comentar com alguém que não conheça nada daquilo.

Rosa fica surpresa, mas interessada. A amiga fala com energia e convicção, deixando claro o quanto está envolvida com aquele processo.

O quati desperta a sua curiosidade, fica com uma ponta de vontade de descobrir qual será o seu animal guardião.

Corina se oferece para conduzir uma meditação ativa para a amiga, já que viaja sempre com seu ipod e uma gravação de tambor.

**Condução de uma viagem xamânica**

Se você resolver apresentar alguma técnica desse livro ou que tenha aprendido em uma aula de xamanismo, precisa tomar alguns cuidados.

1. Siga todos os procedimentos que faria para você mesma, isto é, isolar-se em um local calmo, onde não seja interrompida, e fazer várias respirações profundas. Com outra pessoa, é interessante que respirem juntas por oito vezes, para entrarem em sintonia.
2. Tenha uma intenção clara do que deseja. Por exemplo: encontrar seu animal de poder. Outro exemplo: resolver uma questão específica. Não é sábio misturar vontades ou sair com uma lista enorme de pendências para uma sessão de imaginação ativa. Conversem antes e faça com que a pessoa escolha apenas um tema.
3. Fique alerta e não viaje junto. Permaneça sentada e relaxada, acenda a vela e o incenso, reafirme o tema escolhido pela outra pessoa e depois fique calada. Imagine uma luz muito brilhante emanando do centro do universo e descendo até você, criando um pilar dourado e muito brilhante. Essa luz penetra pelo topo da sua cabeça e vai descendo, tornando você um corpo todo de luz. A luz passa por você e vai até o centro da terra, onde faz o centro do planeta brilhar. Sinta-se bem enraizada, bem presente no momento. Irradie essa luz que passa por você à sua volta e envolve a pessoa que faz a viagem xamânica. Imagine que cria um ovo protetor de luz dourada em volta da pessoa e de você mesma.

Depois de uns dez minutos, interrompa a música e diga, em voz bem suave, para a pessoa ir saindo do relaxamento e voltando à consciência comum.

## *Novos caminhos*

Rosa reflete por alguns dias e na viagem de trabalho seguinte resolve aceitar o convite da colega e experimentar uma sessão de imaginação ativa. Qual não é sua surpresa ao ver-se ajudada por uma baleia, apesar de ter começado sua viagem xamânica como Corina instruiu, numa floresta. De repente, encontra-se num mar muito azul, turquesa, que reflete a luz do sol, nadando ao lado de uma baleia imensa e calma. É daquelas que cantam e conduz Rosa primeiro para bem fundo no mar, até uma imensidão escura, depois sobe com ela como uma bala até a superfície e salta para fora da água, jogando o corpo inteiro no ar antes de cair de novo na água com um estrondo.

Rosa sente a alegria de uma grande brincadeira. Que delícia aquela visão! De onde terá saído? Fica impactada com a beleza de se ver nadando junto com uma baleia, saltando no mar.

Depois ela pesquisa as qualidades das baleias em livros e sites, descobrindo que este animal é muito sagrado para alguns povos, como os esquimós, e que aparece em histórias misteriosas de ressurreição, como a de Jonas na Bíblia. Conversa bastante com Corina sobre o que experimentou e as duas falam do encantamento de seu animal guardião. Corina explica que esse espírito animal não só ajuda como traz muita sabedoria. Quanto mais ela entender e entrar em sintonia com a energia do animal, tanto mais terá força para enfrentar seus problemas. Ela sugere que Rosa faça outras viagens ao som do tambor e bem relaxada para dar uma continuidade à comunicação que iniciou com seu animal guardião, para que a baleia possa ajudá-la. Corina repete o preceito básico do xamanismo de sempre fazer uma sessão de imaginação ativa com a intenção clara do que se quer obter ou entender.

## Como entender seu animal de poder

Aline viu uma pantera, Corina entrou em contato com um quati e Rosa nadou com uma baleia em sua imaginação ativa. Cada uma dessas mulheres tem um animal aliado diferente, que lhe confere forças e qualidades bem específicas.

Todas nós temos um animal de poder pronto a nos ajudar, esperando que entremos em contato e o vejamos. Como explicamos anteriormente, isso pode ser feito em uma viagem xamânica.

Depois que você vir seu animal, é interessante procurar compreender quais são suas características mais marcantes.

Ted Andrews, autor do excelente *Animal speak* (St. Paul, Llewellyn Publ., 2002), dá algumas dicas sobre como aprofundar esse relacionamento tão proveitoso para o nosso desenvolvimento:

1. Aprenda o máximo possível sobre seu animal totêmico. Leia livros, estude as qualidades básicas do seu animal. Saiba como se comporta, que presas caça, se vive melhor no calor ou no frio, de dia ou de noite, quem é seu inimigo natural, que sentido tem mais aguçado, qual seu ponto fraco, de que maneira ele defende seu território. Não se preocupe se seu animal tiver algum lado esquisito (como a mania do quati de lavar tudo o que come) ou violento ou repugnante. Todo animal tem grandes poderes, habilidades inesperadas que podem energizar nossa vida. Descubra quais são as do seu guardião e comece a prestar atenção em você mesma, experimentando usá-las.

2. Procure imagens e representações de seu guardião, pequenos ou grandes, como por exemplo fotos em revistas e brinquedos infantis. Coloque-as em todos os lugares onde puder, em especial no seu local de poder. Melhor ainda se as imagens ou representações de seu animal forem colocadas lado a lado com imagens suas, como fotos.

3. Desenhe seu animal, faça colagens, crie objetos que representem seu animal guardião. Não se incomode com a qualidade artística, apenas abra os canais da criatividade para que essas energias entrem na sua consciência.

4. Se for possível ter contato com animais vivos no seu *habitat* natural, faça-o. Se houver organizações que trabalhem para a proteção ou ajuda de seu animal ou do ambiente em que vive, colabore com elas.

### *Mudanças*

Rosa aprende que a baleia é um animal das profundezas e muito poderoso. A baleia é também um mamífero que cuida muito bem de seus filhotes, protegendo-os dos perigos e ensinando com paciência tudo o que precisam. O grupo de baleias forma um círculo protetor em redor dos filhotes quando há perigo e mantém a memória da família. Os indivíduos vão embora, viajam às vezes ao redor do mundo e depois retornam, reencontrando os membros de seu grupo.

Rosa não se enxerga assim tão poderosa, mas o contato com a imagem da baleia faz com que mude a atitude em relação ao marido, que a culpa pelo acontecido com Bruna. Chega um dia em que, depois de Marcelo a olhar torto pela enésima vez e resmungar que ela não está sabendo educar Bruna, Rosa olha firme para ele e diz: "Basta!"

Numa voz controlada mas que deixa clara a sua irritação, declara que não vai suportar mais nenhuma insinuação de que o problema da filha é exclusivamente dela. No mínimo, é deles dois. Não foi Rosa quem arrumou o namorado da filha ou incentivou aquele relacionamento. Não é ela a responsável pelos hormônios da filha nem pelo ambiente hipersexualizado em que os adolescentes de hoje vivem. Ela, Rosa, está tendo dificuldade em lidar com o fato de estar prestes a tornar-se avó e não precisa da ajuda dele para piorar a situação. Aliás, o que ela quer é a colaboração dele como pai e marido.

Marcelo fica surpreso com a firmeza da mulher. Ao mesmo tempo sente-se tocado pela força das emoções dela. Percebe que é verdade o que diz. Mais ainda, sente o chamado feito por ela para que cumpra sua função de homem. Rosa deixa claro que ele é pai de Bruna e marido dela. A situação difícil exige que se unam, não que se ataquem um ao outro.

Os dois começam a conversar sobre os aspectos práticos do futuro bebê. O ambiente fica mais leve, porque agora os dois voltam os olhos para providências concretas, sem alimentar culpas ou críticas. Bruna também sente a mudança, do silêncio carregado e punitivo de antes para conversas sobre o que precisam fazer. Sua revolta diminui por perceber que eles não mais se colocam contra a criança, mas unidos em colaboração para que ela tenha os cuidados que uma mãe precisa.

Rosa continua a fazer suas viagens xamânicas. Coloca um pôster de baleia em seu quarto e respira fundo antes de dormir olhando para aquela foto, pedindo o poder do grande animal para lidar com as tensões em sua família.

Uma viagem é muito importante. Rosa se vê nadando como se fosse a baleia e sendo atraída para um grande redemoinho no fundo do mar. Ela é tragada pelo movimento, mas sai do outro lado inteira, sem problemas. Lá aparece um peixão dentuço, ameaçador. Rosa baleia, no entanto, não liga para ele, que não faz nada. Depois se vê plantando sementes numa terra fértil enquanto chove, e uma relva nasce bem verde. Por perto ouve uma arara gritando e voando sobre sua cabeça.

As cores da viagem são muito nítidas e Rosa chega a ter a impressão de ouvir o grito da ave, assim como do barulho da chuva. Estranha aqueles sons em seu apartamento, mas não precisa se preocupar. Ter sensações diversas enquanto se faz uma sessão de imaginação ativa é comum e indica apenas que você está entrando em contato com símbolos poderosos.

Rosa fica com uma impressão boa de sua viagem. O redemoinho e o peixão assustam, mas está claro que, seja o que for acontecer, ela vai se sair bem. Mais ainda, vai plantar algo que crescerá.

Quando Marcelo solta um comentário venenoso, carregado de ódio contra o namorado que desvirginou a inocente menina, Rosa tem a repentina intuição de onde estão os dentes afiados daquele peixe que viu: na raiva do marido. Ele não se conforma de que a filha tenha feito sexo com um rapazote tão imaturo, tão despreparado para ter uma família. É uma raiva profunda, insistente, que faz com que queira afastar a filha de sua vida. Ele não vê Bruna como uma mulher, mas como uma afronta à sua autoridade de pai, algo que o envergonha.

Rosa percebe que um lado muito primitivo de Marcelo está ofendido, um homem das cavernas ali irritado com a afronta de um macho mais jovem. Não partilha daquela fúria toda, mas compreende que seu companheiro está sofrendo. Rosa sente de repente um enorme carinho por ele, um sentimento de perdoar todas aquelas palavras duras que ele solta. Tem vontade de fazer algo para que voltem a se aproximar. Eles quase não têm mais um casamento, são apenas os pais de Bruna.

Rosa puxa pela criatividade da baleia e inventa então uma noite por semana só para os dois. Sugere que saiam para dançar num baile que acontece no clube para gente da idade deles, com músicas que conhecem. Como Marcelo foi um ótimo pé de valsa, o programa puxa para o orgulho dele e com certeza vai melhorar sua autoestima.

Sem saber, Rosa está trazendo para a vida dos dois as cores da arara que viu na sua viagem, a alegria e o barulho daquela ave exibicionista que promete ajudar na situação familiar.

Começa também a brincar com ele, chamá-lo de Fred Flinstone pelos seus sentimentos de homem das cavernas. Marcelo no começo se aborrece de a esposa querer fazer piada de algo para ele tão sério, mas depois dá risada. Imagina-se vestido com peles e dando golpes na cabeça do namorado da filha com um porrete gigante, como num desenho animado. Grunhe alto e agora, toda vez que chega em casa, grita: "Vilmaaaaa!"

As risadas e a camaradagem da piada repetida aliviam a tensão que invadiu e envenenou o cotidiano dos dois. Ao se verem unidos como um casal novamente, os problemas parecem menos ameaçadores.

**Como encontrar o mestre interior**

Depois de entrar em contato com o mundo simbólico, explorar um pouco como as energias que existem ali influenciam nossa vida diária, e depois de descobrirmos nosso animal de poder, costuma acontecer de o universo nos convidar a uma viagem mais profunda. Os símbolos que nos ajudam e orientam tomam vida e interagem conosco de forma natural. O processo fica fluido e cada vez mais vívido.

O próximo passo nessa jornada é o de descoberta de nosso mestre interior, também chamado de Eu Superior em algumas linhas de estudo, Self para os junguianos, Cristo Interno para os espiritualistas ou seja que nome leve essa nossa faceta sagrada. A ideia é a de que todos nós temos como entrar em contato com uma entidade poderosa, benigna, que tem todo o interesse em nos ajudar desde que seja invocada e que está dentro de nós.

É bom lembrar que a única regra permanente deste nosso mundo é a do livre arbítrio. Nós podemos escolher seguir o próprio nariz, ou livros de autoajuda, o horóscopo do dia ou invocar ajuda de entidades maiores do que nossa consciência atual imagina. Nenhum mestre invocado vai se impor contra a nossa vontade ou nos arrastar para o que não queremos, mas atenderão com prazer se os chamarmos.

Há variadas formas de entrar em contato com o mestre interior, mas vamos dar aqui uma das mais simples e eficazes.

Em primeiro lugar, vá para o seu local de empoderamento. Aquiete a mente com algumas respirações e coloque para si mesma, numa frase que repita internamente, a intenção de que deseja encontrar seu mestre.

Coloque uma música bem suave ou o som de tambores e relaxe profundamente. Se gostar de incenso, acenda um. É bom também acender uma vela, já que a luz da chama simboliza com perfeição a luz que você estará querendo buscar com esta viagem.

Visualize-se entrando numa caverna com a intenção clara de encontrar seu mestre. Pode ser um lugar que você conheça, tenha visto em fotos ou simplesmente imagine.

Chame seu animal de poder, que irá em sua companhia o tempo inteiro, até o fim da viagem.

Deixe o medo para trás e penetre com confiança na caverna. Apesar de ela ser escura, você terá capacidade de enxergar.

Lá no fundo, você verá uma luz. Ao se aproximar, perceberá que é uma passagem.

O seu animal vai abrir caminho para você, siga atrás dele. O animal de poder garante a sua proteção, não deixa que nada de mal aconteça e conhece todos os caminhos do inconsciente.

Saia desse outro lado, num campo aberto e iluminado. Você pode se ver num campo de flores, de trigo, numa floresta ou mesmo num campo de cristais, depende de cada um. Ao entrar ali, no entanto, preste bem atenção em volta. As árvores são grandes? Que flores brotam ali? Se há cristais, de que cor e tipo são?

Ande de maneira atenta, em linha reta, na companhia de seu animal de poder. Você vai chegar a uma clareira, o que indica que estará perto de seu mestre. Procure-o, ele ou ela pode estar meio escondido.

Para que essa entidade se revele, deixe bem claro que você sente reverência e deseja encontrar seu mestre. Diga em voz alta, dentro da clareira, que esta é sua intenção.

Quando vir a figura se aproximando, pergunte-lhe se é seu mestre interno.

Se for, vai dizer. Na sua imaginação, você vai ter a impressão de ter um diálogo ou simplesmente ficar sabendo das respostas telepaticamente.

Se não for seu mestre, a figura vai desaparecer. Nesse caso, continue procurando com a ajuda de seu animal.

Quando tiver certeza de que está diante do seu ou sua mestra, coloque-se na sua frente, pegue em suas mãos e sinta a troca de amor entre os seus corações. Sentir esse amor fluindo é a confirmação de que você encontrou seu mestre interno. A emoção é forte, você vai sentir muito apoio e confiança.

Concentre-se no que você quer perguntar ao seu mestre. Tenha claro o que você deseja, seja objetiva, não queira resolver cem coisas ao mesmo tempo.

Faça então suas perguntas e dê tempo para que as respostas surjam. Se vier um símbolo, preste atenção mas não queira decifrá-lo imediatamente. O melhor, no início, é colocar questões que possam ser respondidas com um sim ou não. Quando você voltar repetidas vezes para falar com seu mestre, é bem provável que estabeleça longos diálogos, cheios de sabedoria e muito senso de humor. Mas nas primeiras vezes é mais seguro resolver algumas poucas questões.

Quando sentir que obteve suas respostas, agradeça. A gratidão é a principal energia de troca entre o mundo externo e o interno. Sempre que receber ajuda, ensinamentos, intuições, agradeça e continuará a receber muito mais.

Despeça-se então de seu mestre e volte pelo mesmo caminho, na companhia de seu animal.

Volte lentamente à consciência usual, mas continue sentindo o toque especial da entidade amorosa que se dispõe a ajudar você.

**Sinal para chamar o mestre**

- Na viagem de imaginação ativa, você pode pedir a seu mestre que lhe mostre um sinal para invocá-lo no mesmo instante no mundo real, sempre que precisar. Por exemplo, pode ser que ele mostre um sinal como cruzar os braços. Nesse caso, toda vez que você repetir o gesto com a intenção clara de entrar em contato com seu mestre, a energia dessa entidade sábia e benigna imediatamente vai inundar você e ajudá-la. Mesmo numa situação complicada, como por exemplo uma colisão de veículos, quando você repetir o gesto irá sentir a calma e o centramento do mestre no seu interior.

# 8 A avó-mãe

Bruna entra em pânico conforme a hora do parto vai chegando. Os meses da gravidez foram difíceis, cheios de altos e baixos. Ao mesmo tempo em que ela adquiriu um status especial com as colegas por ter dado um passo tão adulto e estar se transformando em mãe, precisou também se afastar das festas e baladas. Sua barriga está enorme! As costas doem, ela não consegue ficar muito tempo em pé, as pernas incham, depois de três meses de enjoo com a comida ela ficou com uma fome louca, avassaladora. E engordou quase vinte quilos, sente-se um monstro deformado.

Yuri também foi e voltou. No começo, foi só amores, a ideia de ter um filho com ela o deixou encantado. Ele se imagina jogando games com o filho, levando o garoto – ele tem certeza de que vai ser um menino – para jogar futebol com seus amigos e coisas assim. Até Bruna percebe a alta dose de fantasia do namorado, mas gosta do pique animado e do apoio que está dando, com ele não tem mau tempo.

A família de Yuri já não se encantou tanto assim. São coreanos bem-sucedidos no comércio já há anos aqui no Brasil, mas mantêm tradições rígidas em relação à sexualidade. A mãe de Yuri sempre olhou para Bruna como se ela fosse uma péssima influência para o filho, tanto que a menina teve pouco contato com ela. Agora, pelo que o namorado deixou escapar, eles acham que ela é uma moça vulgar, que transa com qualquer menino e engravidou de alguém, não o genial herdeiro da família Kyung. Não têm qualquer intenção de reconhecer o bebê como filho de Yuri.

Bruna fica chocada. Que a família dele não goste dela é de se esperar. Mas que o namorado cedesse e fosse esfriando, deixando de responder a seus telefonemas, levando dias para retornar seus torpedos a deixou furiosa. Como ele pode ser tão verme?

As brigas são homéricas. As amigas dela ajudam, contando onde o viram e com quem, mostrando prazer em deixá-la mais louca ainda. Yuri varia, ora mostrando-se simpático e cheio de carinho – e querendo sexo –, ora desaparecendo. Bruna percebe que está sozinha.

Sente desespero e abandono. Ela contava com Yuri, tinha certeza de que ele faria a sua parte de pai. Mas não é isso que está acontecendo, o amor entre eles parece evaporar. Ela passa tardes vendo televisão e sentindo-se a mulher mais infeliz do mundo.

Seus pais até que estão sendo decentes, pararam de amolar e agora estão do seu lado, vendo maternidade, levando-a ao médico e tudo o mais. Mas isso não compensa a falta do namorado.

O parto é com cesariana, já que Bruna não tem contrações e a criança é muito grande. Quando segura seu filho, suas emoções entram em conflito. Fica enternecida com ele no peito, é incrível que aquele serzinho todo amassado tenha surgido dela. Mas é tomada por um medo intenso. Como ela vai cuidar dele? Ela é criança ainda! Não tem trabalho, nem acabou a escola, seu namorado sumiu, ela está feia e gorda, como é que vai ser?

Os conflitos emocionais da jovem pioram quando a rotina de cuidar do filho se instala. Acordar no meio da noite para dar de mamar e ficar todos os dias sem poder se afastar dele fazem com que Bruna sinta-se uma prisioneira. Nem o pior castigo dos pais foi tão ruim! O que ela fez para merecer aquilo?

Matteus é um bebê lindo, saudável, grandão. Sorri e olha para todo mundo com atenção, é muito alerta. Mas Bruna não se enternece. Está cansada, quer dormir, quer dar uma volta no shopping com as amigas. Quanto tempo faz que não encontra ninguém?

Rosa faz o que pode para ensinar à filha como cuidar de Matteus. Ela lembra de ficar tresnoitada quando Bruna nasceu e entende a irritação da filha. Mas ao mesmo tempo é impossível não se encantar com o garoto sorridente que surgiu na vida deles tão de repente. Matteus é mesmo lindo! O garoto mais bonito da família inteira! Gordinho, de cabelinho bem preto e liso, olhinhos repuxados numa cara redonda e rosada. Um charme.

Até Fred Flinstone está caído de amores por ele. Já tirou umas duzentas fotos do primeiro mês de vida do neto e mostra as imagens para quem tiver paciência de ver.

Bruna, no entanto, não reage bem. Está deprimida com a ausência de Yuri, que agora nem atende telefone, mudou de celular e desapareceu da internet.

Rosa insiste para que a filha diga o que a está incomodando tanto. A baleia não é sutil e Rosa tampouco, até conseguir fazer com que a filha fale. Depois que Bruna desabafa, os pais sentem que podem finalmente interferir na situação e obrigar o garoto a dar as caras.

Apossam-se do endereço e saem à procura do pai fujão.

Marcelo e Rosa vão à noite, sem avisar, ao apartamento onde Yuri mora com os pais e o irmão mais novo. Estão firmes em querer extrair do menino uma posição como pai, principalmente o reconhecimento para que seu nome conste na certidão de nascimento de Matteus. Acham que não é justo para com a criança carregar o peso de não ter pai reconhecido.

Demoram para entender quem eles são pelo interfone, mas acabam deixando o casal subir. Após as apresentações, Marcelo, que não consegue conter a impaciência, vai direto ao assunto sem muita gentileza. O casal Kyung não diz nada e Rosa nem tem certeza de que entenderam tudo, já que conversam entre si em coreano num tom tenso. Chamam finalmente o garoto à sala, que fica muito sem jeito ao vê-los ali. Olha mais para o chão do que para Rosa e nunca para Marcelo, visivelmente envergonhado.

Rosa tenta sua tática de voz maternal, explicando mais uma vez a Yuri como é importante que dê seu nome ao filho. No entanto, a família Kyung reage com uma frase que repetem mil vezes: "Não podemos fazer nada." A mãe de Yuri dá a entender que nada prova que o bebê seja filho dele, insinuação que consegue deixar Marcelo ainda mais furioso do que já está. Rosa nota que o marido está prestes a explodir e resolve encerrar a visita por ali, deixando claro no entanto que vão recorrer a um teste de DNA.

### *A falta do feminino acolhedor*

Todos nós, homens e mulheres, jovens e velhos, sentimos falta de mãe. Não da eventual mãe biológica que temos, mas da energia de absoluto acolhimento e amor incondicional. A nossa sociedade centrada em valores masculinos de competição quase excluiu do cotidiano das pessoas experiências em que se sintam acolhidas. Basta pensar no que cada um de nós faz durante o dia para perceber que não há muito espaço para trocas afetuosas durante o corre-corre insano. No trânsito das grandes cidades, por exemplo, os motoristas mal esperam para que uma pessoa mais lenta acabe de atravessar a rua antes de começarem a buzinar quando o farol abre.

A gentileza é uma qualidade quase ausente na maioria das interações de hoje em dia, assim como a atenção para o bem-estar do outro. Mesmo dentro das famílias parece haver se instalado um espírito de confronto e dureza permanentes, pais e filhos num mesmo nível de falta de respeito uns pelos outros, invadindo privacidades, exigindo altas performances (financeiras ou escolares), cobrando comportamentos de "vencedores". Filhos esperam que os pais exibam uma imagem que possam mostrar para os amigos como de poderosos, enquanto pais também cobram de seus filhos a mesma coisa.

O resultado disso tudo é a sensação que todos conhecemos de vivermos num mundo cruel, duro, sem pena para os fracos. A pressão que se instala em todos os níveis da sociedade para termos mais, exibirmos mais, malharmos, fazermos dieta e tantas outras ações de fachada nos deixam estressados e prisioneiros deste modelo de vencer a qualquer custo.

Tudo isso é uma manifestação externa da ausência do feminino ativo e criativo dentro de nós. Em especial do lado feminino que acolhe com amor. Como não conseguimos nem imaginar um acolhimento calmo e profundo, daquilo que somos sem a menor importância em relação a aparências, refletimos essa ausência nas experiências externas.

Assim, cultivar o contato com a mãe interior, com a energia que nos respeita e ama e aceita com todas as nossas limitações é um grande passo para criarmos essa mesma energia na nossa vida.

### Exercício de encontro com a mãe interior

Para entrar em contato com essa energia restauradora, siga aqueles passos de sempre de isolar-se no seu local de empoderamento, dar-se tempo para experimentar essa viagem de imaginação ativa tão decisiva para o seu equilíbrio e permitir que sua sabedoria interior aflore.

Respire fundo várias vezes sentindo o seu coração. Cada vez que você inspira, veja entrar uma luz dourada intensa no seu coração que limpa todos os cantos. Na expiração, saem as mágoas e ressentimentos, deixando seu coração cada vez mais leve. Veja-se bem pequena e acompanhada de seu animal de poder. Aí, estabeleça a intenção clara de encontrar a mãe interior e entre no seu próprio corpo pelo alto da cabeça. Siga seu animal ao longo dos chacras até chegar ao coração.

Essa é uma viagem sagrada, que faz parte dos mistérios de muitas escolas de ocultismo. Não nos interessa aqui entrar em discussões detalhadas sobre procedimentos e tradições, é apenas útil para você saber que essa imaginação – muito poderosa – requer entrega. Acredite em você mesma como uma pessoa sábia, que está em busca da luz. Acredite no seu animal de poder como um guia sábio. Deixe que sua necessidade de encontrar a mãe interior a leve até as imagens e sensações que você precise.

Ao chegar ao coração, olhe em volta para a câmara grande, iluminada e pulsante. É dali que emana todo o amor por todas as pessoas, por toda a terra e por você mesma. É um centro muito poderoso, não importa a situação que você esteja vivendo no momento.

Se você não encontrar logo uma imagem feminina acolhedora, peça ao seu animal para conduzi-la até a sua mãe interior. Ela pode assumir várias faces e mesmo mudar na sua frente, mas você vai saber que está diante dessa energia amorosa pela sensação de acolhimento que vai experimentar. Entregue a ela seus problemas ou inquietações e ouça ou sinta o que ela diz. Muitas vezes a mãe interior nos coloca no colo, abraça ou nos cobre com seu manto. Dela emana uma profunda proteção, igual à que um bebê recém-nascido sente vindo da mãe que o segura no colo com amor.

Sinta sua própria energia se misturando à energia dessa mãe que tanto lhe quer bem e conhece todas as suas necessidades. Permita que a paz desse encontro penetre até suas células. Não tenha pressa, aproveite. Não se espante se chorar ou for tomada por emoções fortes. A sua mãe interior tudo acolhe.

Despeça-se dela em agradecimento, receba sua benção e retorne pelo mesmo caminho com seu animal, saindo pelo topo de sua cabeça e vendo-se aumentar para seu tamanho usual.

Você pode voltar para o colo de sua mãe interior sempre que quiser, todas as vezes que tiver necessidade de apoio e cura.

### *Por trás das aparências*

A vida de Rosa torna-se pesada para ela. O trabalho continua o mesmo, exigindo concentração e energia. Esperam que ela se disponha a viajar sem maiores avisos para o ciclo de treinamentos que continua insano, e Rosa não acha que apresentar o neto pequeno como desculpa vai fazer bem à sua carreira. Corina quebra uns bons galhos, duas vezes deu um jeito para que Rosa viesse embora antes de o workshop acabar. Marcelo também se tornou seu parceiro novamente, ajudando a montar estratégias para cuidarem do neto e trabalharem ao mesmo tempo. Bruna, no entanto, reverteu à adolescente desmiolada de sempre. Voltou à escola, a sair com as amigas, a se preocupar com sua aparência mais do que tudo. Parece que o filho não tem nada a ver com ela, seu leite secou e agora não levanta um dedo pelo menino.

Rosa não suporta essa indiferença. Quem, afinal de contas, ficou grávida? Por que ela, já com cinquenta anos, tem que trocar fraldas no meio da noite e ver se o nenê está assado, aprontar sua mamadeira quentinha enquanto a mãe do menino sai para baladas e passa horas experimentando maquiagens? Rosa fica chocada em ver que o neto não enternece a filha. Fora o problema do dinheiro, que ficou curto por conta das despesas com o neto e de terem que contratar uma babá durante o dia. Bruna não leva nada disso em conta e voltou a pedir com insistência dinheiro para entradas em shows e passeios com os amigos.

Lidar com a filha é uma irritação permanente, que envenena o ar da casa. O que quebra o clima é ver Marcelo com o neto no colo, completamente babão. Seu marido está mostrando mais amor pelo menino do que por ela e a filha juntas, talvez até mais do que pelo time de futebol somado. Seu evidente prazer em lidar com o menino alivia a tensão entre Rosa e Bruna, já que ele intervém sempre de bom humor. De repente, Marcelo não só perdoou a filha como se encantou com ela por ter lhe dado um menino de seu sangue. É uma surpresa para todos, até para ele mesmo, como ficou mais paciente. O neto fez aparecer (sem qualquer xamanismo, só pelo contato de pele com pele), o feminino ativo e saudável de Marcelo.

Rosa passa uns tempos sem fazer nenhuma imaginação ativa, por conta do cansaço e da total falta de tempo. No entanto, centra-se e lembra daquela diretriz de que ela tem o poder de definir – sutilmente – sua vida. Deseja ter tempo para cuidar de si e, como num pequeno milagre, os acontecimentos se encaixam: ela tem uma reunião fora da firma e pode voltar para casa mais cedo. Marcelo está no trabalho, Bruna saiu com amigos e a babá, ao vê-la chegar, pede para ir mais cedo também. Matteus pega no sono depois da mamadeira e Rosa vê-se com duas boas horas de total sossego pela frente.

Toma um banho longo, cuida de seu cabelo, coloca uma música suave e relaxa. Aí resolve entrar em contato com a mãe interior, seguindo o exercício que demos atrás.

Respirando fundo muitas vezes, entra no estado de consciência alterada xamânico e viaja. Encontra a sua baleia querida, que canta ao vê-la. Ela está com um filhote ao lado e esguicha bastante água pelo alto da cabeça. Aí as duas encolhem e nadam para o topo da cabeça de Rosa, entrando por um túnel iluminado. No coração, Rosa vê uma grande luz dourada num salão imenso, o que a deixa surpresa. Ela não imaginava seu coração tão grande e dourado. No fundo há um vulto, de quem ela se aproxima. Demora para conseguir ver a mãe interna com clareza, percebe apenas alguns detalhes. Mas sente a presença amorosa, o que a deixa comovida. Uma mulher bonita, coberta com um manto azul da cor do mar, sorri para ela e abre os braços. Parece Nossa Senhora das Graças dispensando raios de luz prateados da palma das mãos. Lembra-se que Nossa Senhora concede justamente as graças pedidas. Sentindo lágrimas nos olhos, entrega todo seu cansaço para aquela presença feminina poderosa. Pede que cuide daquilo tudo para a felicidade de Matteus, que proteja o menino e a ajude a ter força para tanto trabalho. Pede ainda que a filha encontre seu instinto maternal. Sente-se abençoada. É inundada por um sentimento de paz e de que vai dar tudo certo. Ela não precisa se preocupar, não precisa carregar tudo sozinha. De repente, a mãe interna mostra-lhe Matteus no meio de uma mandala dos ancestrais dele. Eles estão deitados como raios de sol saindo do menino, formando um círculo ao seu redor.

Rosa fica olhando sem entender, mas sente – com muita surpresa – que a família Kyung vai participar na vida do menino. Volta da viagem bem mais calma, com a sensação de que vai receber graças e ajuda em relação a Matteus.

Bruna chega não muito depois, o que é raro. Costuma voltar para casa só no horário limite que eles permitem, onze da noite. Como Rosa está calma e sorridente, senta-se num impulso a seu lado. Sem que a mãe pergunte nada, começa a falar rápido sobre Yuri. O garoto, ainda na sua turma, reaproximou-se e quer reatar o namoro. Na verdade, quer sexo, claro. Rosa não tem reação nenhuma ao ouvir a filha falar com tanta desenvoltura de sexo. Nesse aspecto, já é adulta. Bruna está indignada com a cara de pau de Yuri. Ele sumiu, não atendeu telefone, nunca veio ver o filho e agora vem com charminho para cima dela.

Rosa sorri, o que deixa a filha boquiaberta. Esperava que ela se irritasse junto, mas a mãe parece calma demais.

– Minha filha, que legal você estar percebendo o jogo desse menino.

E não diz mais nada. Bruna, sempre arisca quando lhe atiram mil opiniões que mais parecem ordens na cabeça, fica intrigada com o jeito diferente da mãe.

– Eu nem sei. Eu até gosto dele, mas acho um abuso o que ele está fazendo. Estou com uma baita raiva dele ainda.

– Com toda razão – concorda Rosa, esperando para ouvir mais.

A menina se abre e esbraveja, chora, repete-se sobre os sentimentos feridos. Dá a entender também que os pais não ajudaram, uma vez que querer assassinar o namorado não era o apoio que ela precisava. Ela gosta dele!

Rosa não cai na armadilha de se defender ou acusar a filha de vulgar e ingrata. Morde a língua e não solta um veneno sequer, na certeza de que uma palavra sua faria desandar a conversa. Sente a presença, na verdade, da mãe interior lhe estendendo o manto azul faiscante. Imagina-se envolta naquela cor tão bonita e enrolando Bruna no mesmo aconchego.

– Eu não vou transar com ele! É o cúmulo!

– Por que você não o convida para vir aqui em casa conhecer o filho? – sugere Rosa.

A menina não é nada tonta e percebe a ligação entre forçar um pouco Yuri a fazer o que ela quer pelo poder da atração que ele sente por ela. Bruna e a mãe sorriem em cumplicidade, o velho poder feminino da sedução compreendido e partilhado entre as duas. Bruna fica feliz também em notar que a mãe não está mais tão azeda com Yuri, já que o convidou para sua casa.

Ninguém levou adiante a história de exame de DNA por falta de tempo, Matteus está com uma certidão de nascimento sem nome de pai. Mas a visão que Rosa teve da mandala de ancestrais dá a ela confiança de que a família do lado coreano vai se mostrar presente algum dia e sua raiva com a injustiça feita ao neto diminui.

### *Xamanismo matricial*

Até mesmo dentro do xamanismo há maneiras masculinas e femininas de acessar as realidades paralelas. O exercício que demos nesse capítulo de contato com a mãe interior é muito poderoso e muito feminino, dentro das práticas do xamanismo matricial.

Essa linha é voltada para a Grande Mãe em todos os seus aspectos, desde a mãe biológica, passando pela Mãe Terra até a Mãe Cósmica que nos criou.

Entrar em contato com essa energia ajuda a adotar uma nova maneira de viver, fora da lógica da luta eterna, das dificuldades que se repetem, dos opostos que sempre tentam dominar um ao outro. A energia da Grande Mãe acolhe todas as diferenças, ama a todos, não julga, não exige.

Permitir-se entrar nessa energia é uma decisão de vontade. Demos o exercício, mas cabe a você encontrar essa força dentro de você e aceitar que é possível levar a vida de uma forma muito mais pacífica e amorosa.

# 9 O círculo da parceria

Yuri continua firme na sua campanha de seduzir Bruna. Ela, por sua vez, continua firme na recusa. Como sua indignação é verdadeira, o jogo não fica aparente. Quer que ele reconheça que é pai, que veja Matteus, que toda a história entre eles não fique no vácuo de um universo paralelo.

Yuri acaba cedendo. Uma bela tarde, vai até o apartamento dos Soares num horário em que sabe estarem todos trabalhando. Está bem curioso em conhecer o filho e na esperança que a ex-namorada volte a querer ficar com ele. Leva um susto. Ele viu uma foto do nenê no celular de Bruna, mas era daquelas imagens que não mostram nada. Ao vivo, Matteus é a sua cara! Tem olhinhos repuxados, negros, e um cabelinho liso igual ao seu. O bebê está acordado e sorri daquele seu jeito simpático e charmoso.

Yuri adora. Olha para Bruna com um sorriso e ela o encoraja a pegar Matteus no colo. Ele é tomado pela emoção de ter criado uma vida. Fica brincando com o moleque, falando bobagens, totalmente enfeitiçado. Sente-se pai de repente e se imagina jogando videogame com o garoto quando conseguir pegar no mouse. Ele vai ser um campeão!

O plano de sedução já não corre tão bem. Bruna está mais difícil do que ele imaginou, parece esperar toda uma lista de coisas que ele não tem ideia do que sejam. Mas ele sai dali feliz, querendo contar para todo mundo que tem um filho lindo!

Conta aos pais todo sorridente. A barreira que os Kyung tinham em relação ao nenê não era, na verdade, de não acreditarem que era filho de

Yuri. Acreditavam e até tinham um certo orgulho de o filho, tão coreano em aparência e modos, ter seduzido uma menina brasileira bonita e de família sólida. Mas têm receio das consequências de dar o nome da família a ele. Não sabem o quanto isso lhes custará, o que a lei vai obrigá-los. Têm uma certa insegurança em relação ao Brasil, acham que sempre sairão perdendo por serem estrangeiros.

O entusiasmo infantil do filho, no entanto, os contamina. Até Kim, o irmão menor, fica curioso em conhecer o sobrinho de olhinhos repuxados. O assunto de repente se torna urgente e os Kyung resolvem conhecer a criança. Pedem ao filho para telefonar e marcar uma visita, tendo o cuidado de perguntar, com toda a educação, se serão bem aceitos na casa dos Soares.

As negociações correm bem, o contato deixa Marcelo um tanto temeroso de que queiram afastar seu neto, mas Rosa, na certeza de que terão um apoio harmonioso como intuiu pela sua visão da mandala, aceita sem o menor problema.

No dia marcado, os Kyung chegam vestidos bem formalmente, trazendo flores e doces. E Matteus faz de novo a sua mágica: basta sorrir para aquela gente que nunca viu, jogando seu charme de bebê muito amado, e claro que os avós coreanos derretem. Não têm como dizer que o menino não é filho de Yuri, chega a ser ridícula a afirmação já que o bebê parece o primogênito deles quando era pequeno. Kim se aproxima logo do sobrinho e Matteus estende os bracinhos, concordando em ser pego por mais aquele estranho.

Apesar dos rostos quase impassíveis, não há como deixar de demonstrar que estão comovidos. Rosa aproveita a deixa e começa a contar sobre Matteus, como estão cuidando dele, os apertos de horário. Passam um bom tempo brincando com o menino, que vai de colo para colo sempre sorrindo, para ciúme de Marcelo.

Dona Li de repente diz com seu sotaque carregado: – Precisamos conversar, não? Na minha casa, sim? Vocês tomam chá?

Os entendimentos entre as duas famílias ainda demoram alguns encontros para acontecer. Rosa percebe que há várias tensões diferentes, vários costumes e idiomas, várias idades. Bruna quer Yuri apaixonado e dedicado a ela, mas não se dispõe a cuidar de Matteus. Yuri se encantou com o filho mas não se sente responsável por ele. Dona Li e seu Joong já são mais receptivos a trabalho, mas falar de dinheiro com eles é complicado, não se abrem com facilidade. Marcelo tem um lado irritadiço que aflora sempre que lhe parece estarem esquecendo do bem-estar de seu neto. A questão da certidão sem nome do pai o incomoda muito. E Rosa está cansada, quer ajuda consistente para criar o neto. Não quer que os Kyung se tornem "iguais" a pais divorciados, que só passam para pegar a criança e levá-la para passear sem a menor preocupação com as mil necessidades de todo dia.

Rosa tem traquejo com grupos, e ajuda Corina a conduzir os seminários entre pessoas bem diversas. Sabe que precisa tomar cuidado para que os contatos entre as famílias não degenerem em brigas ou frieza formal.

Corina passa-lhe o exercício do círculo da parceria e ela resolve arriscar utilizá-lo para que todos possam se colocar. Sua própria família acha meio estranho, já que estão acostumados a falar de tudo a qualquer hora, mas se convencem quando Rosa aponta as tensões que percebe no ar. Já os Kyung aceitam a forma de funcionamento do círculo da parceria como mais uma esquisitice dos brasileiros.

**O círculo da parceria**

Uma forma tradicional de resolver problemas pela via da parceria em todas as sociedades, em especial nas que preservam as tradições mais antigas, é o de se sentar em círculo. Além de ninguém ficar em evidência ou posição mais importante, o círculo faz com que todos olhem para o mesmo ponto, facilitando o entendimento. Ele é também um símbolo universal de união, organização e igualdade.

Como já vimos, trazer a força dos símbolos para o cotidiano faz muita diferença. Os símbolos influenciam bastante a realidade, mesmo quando não temos consciência de que estão presentes. Segundo Jung, os símbolos são máquinas transformadoras da energia, capazes de liberar o que estiver reprimido e colocar em movimento para a criação.

Assim, sentar-se em círculo com consciência do que se está fazendo, é um belo primeiro passo para qualquer entendimento.

Mas esta técnica xamânica inclui vários passos.

***Intenção clara***

Primeiro, antes de iniciá-lo, é proveitoso – como em todo trabalho xamânico – definir uma intenção clara para ele. Por que estão todos ali reunidos? É muito importante decidir algo concreto, limitado, que dará corpo à reunião. Um exemplo de uma reunião entre os familiares Kyung e Soares seria: "Vamos hoje falar sobre as necessidades de Matteus e como cada um pode contribuir para supri-las."

***Centro vazio***

Em segundo lugar, é interessante esvaziar o centro do círculo de objetos que desviem a atenção do foco desejado. Um círculo de cadeiras que tenha no meio uma mesa cheia de objetos decorativos, cinzeiros, copos vai colaborar para que a conversa desvie para variedades sociais. Uma mesinha limpa ou, melhor ainda, nada em frente às cadeiras, facilita a concentração. Melhor fazer um círculo sem nenhuma grande mesa no centro, que acaba funcionando como uma barreira. A comunicação fica mais fácil quando todos podem ver o corpo inteiro uns dos outros.

***Símbolo de coesão***

Em terceiro lugar, é preciso escolher um símbolo para ocupar o centro do círculo e justamente atrair os olhares e a atenção. Depois de limpar a mesinha de cacarecos ou tirá-la da frente, é ótimo, por exemplo, colocar no meio um vaso de flores se você deseja que uma energia de harmonia e beleza circule entre as pessoas. Rosa colocou um lindo vaso de flores do campo, bem alegres e leves.

Você pode escolher o objeto que achar mais interessante para representar o espírito da reunião, contanto que para você ele tenha uma ligação forte com o tema. Uma vela acesa traz luz e festividade, um prato com doces remete à doçura das relações. Você decide o que combina melhor com a situação e as pessoas que vai colocar no círculo.

***Momento fechado***

Em quarto lugar, o círculo precisa ser fechado, este não é um espaço qualquer onde se entre e saia à vontade. Você precisa combinar com os participantes que por um determinado período vocês vão se dedicar a essa conversa importante sem interrupções. Melhor definir a duração antes, imaginando algo em torno de uma hora e meia para uma conversa profunda que não seja cansativa, por exemplo. Durante esse tempo, ninguém levanta, atende celular ou telefone, liga o ipod ou faz quaisquer outras atividades fora do círculo.

Claro que precisa haver consenso, ninguém pode ser arrastado para um círculo contra vontade. Mas é preciso que todos entendam que a força do que vão decidir ali depende da presença (não só física) e do comprometimento de cada um em participar.

***Regras claras***

Em quinto lugar, as regras precisam ser explicadas. Um círculo é um local que permite que se fale sobre tudo que tem a ver com o tema escolhido, porém seguindo determinadas normas.

Essas são muito especiais e contribuem para a incrível força do círculo.

***Todos são iguais***

A regra principal é que, num círculo xamânico de parceria, todos são iguais. Esta não é uma técnica para conduzir grupos a determinados resultados, definidos de antemão por alguém. A ideia é permitir que as soluções aflorem justamente durante as conversas. Atente que, se as crianças entenderem como é que funciona essa reunião, é quase certo que contribuam com ótimos palpites, já que têm mais autenticidade do que adultos. Adolescentes provavelmente já se mostrarão mais egoístas e menos espontâneos, mas você criará muita harmonia se deixar que eles experimentem a sensação de estar sendo ouvidos atentamente. Em geral, nessa fase da vida as pessoas não se sentem compreendidas, o que torna a experiência de falar num círculo muito reconfortante e incomum.

Todos irão, além disso, sentir-se pertencentes ao grupo que está no círculo, renovando os laços que os ligam.

***Ninguém interrompe***

Outra regra importantíssima é a de que, quando alguém está falando num círculo, ninguém interrompe. Mesmo que as declarações sejam bombásticas, provocadoras, a regra é esperar que a pessoa fale até o fim. Não há propriamente diálogo num círculo, mas uma série de falas em sequência, sem interrupções.

***Sem julgar***

É claro que não é aceitável que ninguém seja ofensivo, xingue, acuse de dedo em riste. Nada de: "Você é uma folgada que não faz nada!" ou similares. A ideia é cada um falar o que sente sobre o assunto com calma, ainda que emoções poderosas aflorem. O ideal mesmo é seguir aquele pique da conversa do coração, expressando o que se sente mas não colocando a culpa em ninguém.

É impressionante como, num círculo, uma colocação autêntica, vinda das emoções verdadeiras, comove os outros e os ajuda a entender diferentes pontos de vista. A verdade tem o poder de despertar empatia e a disposição em círculo é uma forma excelente não só de expô-la como enxergá-la nos outros.

Evidentemente, é proibido censurar a fala do outro. Não dá para receber uma fala com um comentário do tipo: "Como você tem coragem de dizer isso?" A ideia é que se digam coisas difíceis, contanto que verdadeiras. E o espírito de compreensão e parceria fica muito facilitado se cada fala for recebida com a ideia de que aquela é a forma como o outro percebe a situação. Cada um tem todo o direito de achar o que quiser.

***Falar em ordem***

As pessoas devem, ainda, pelo menos na primeira rodada, falar em ordem da direita para a esquerda. Se alguém não quiser se pronunciar, pode dizer "passo", mas não se deve atropelar o andamento. Mesmo que alguém esteja morrendo de ansiedade para se colocar, precisa esperar que chegue a sua vez.

Não fomos nós que inventamos essa técnica, ela vem de uma tradição de milhares de anos e sobrevive até hoje em sociedades como a dos maoris da Nova Zelândia, além de ter sido adaptada por alguns setores experimentais do Direito, na chamada justiça restaurativa.

Assim, essas regras não são aleatórias, mas já testadas como muito úteis para a condução de grupos que pretendam chegar a um acordo, mesmo que os membros não se gostem ou mesmo se conheçam. Claro que, entre pessoas que já se conhecem, é muito mais fácil entrar logo num clima de respeito e parceria.

**Talking stick**

Desses primórdios tradicionais vem uma técnica que você pode usar, as crianças costumam gostar muito. Trata-se do *talking stick*, o bastão da fala. Entre iroqueses e várias tribos nativas da América do Norte, o *talking stick* era de fato um bastão, enfeitado de penas e contas. No círculo, só podia falar quem estivesse com ele nas mãos.

Mas você não precisa criar algo tão fora do comum em nosso cotidiano para fazer a condução do círculo, basta determinar um objeto para cumprir a função do *talking stick*. Numa escola americana que resolveu incluir o círculo para que os aluninhos resolvessem as pendências que levavam a brigas, o *talking stick* era um dinossauro de pelúcia, tratado com toda reverência pelos pequenos e passado de mão em mão para que cada um falasse. Rosa utilizou um chocalhinho azul de Matteus, que fazia um barulhinho bem especial e quebrava a formalidade ao provocar sorrisos.

***A abertura***

O círculo xamânico de parceria funciona melhor se, além disso tudo, houver uma abertura e um fechamento formais.

Na abertura, a pessoa que está organizando ou convocando o círculo deve convidar todos a se sentarem e dizer, em voz alta, que problema querem resolver ali naquele momento. Todos já estarão ali sabendo disso, mas faz parte do ritual dizer claramente a razão da reunião. Convém lembrar que não deve haver a intenção de forçar conclusões prévias – por exemplo, Rosa convencer a família coreana a dividir todos os gastos do bebê – o que seria uma manipulação e bastante perceptível aos membros mais sensíveis presentes no círculo. A intenção do círculo deve ser sempre a de chegar, em conjunto, a conclusões válidas para todos, como no exemplo citado, discutir quem pode e concorda fazer o que pelo bebê. Os adultos, no entanto, precisam entender que estão entrando no círculo em pé de igualdade e precisam se dispor a ouvir dos filhos eventuais críticas às suas exigências e decisões. Bruna pode achar que os pais forçam a barra para que cuide do filho do jeito que eles acham que deve ser cuidado, não do jeito que ela acha.

Note que a maioria dos adultos responsáveis ficaria do lado dos pais de Bruna, concordando que ela é uma irresponsável. No entanto, entrar com esta postura no círculo não leva a nada, ainda que seja verdade. O intuito é fazer com que cada um perceba a situação dos outros, e no caso de nosso exemplo é bem possível que Bruna tome consciência do quanto a mãe está sobrecarregada, ainda que não tenha maturidade suficiente para comportar-se como mãe.

É a igualdade e a verdade dos sentimentos expostos sem violência ou julgamentos aos outros que dão força ao círculo da parceria.

Em seguida, as pessoas devem ser convidadas por aquela que convocou o círculo a deixarem suas agressões e defesas de fora. Uma forma de fazê-lo é pedir, por exemplo, que cada um deponha suas armas (imaginárias e simbólicas) no chão e também deixe do lado de fora do círculo os escudos e armaduras que costuma carregar para se defender, deixando prevalecer a fala do coração. Rosa teve a boa ideia de pedir ao senhor Joong para chamar por seus ancestrais e dizer uma frase em seu idioma pela paz das conversas.

Depois o condutor deve repetir as regras de fala ali dentro do círculo – não criticar, acusar nem interromper, não sair do círculo, não usar nenhum aparelho eletrônico – e convidar para que se comece a falar, um depois do outro. Se o grupo tiver decidido usar um *talking stick*, o condutor deve explicar como ele funciona.

***A condução***

Durante o andamento, se alguém esquecer das regras e interromper ou partir para uma agressão direta, é bom lembrar que todos aceitaram, durante aquele período, seguir uma conduta diferente da habitual para resolver um conflito através da parceria.

Quando todos sentirem que já falaram o suficiente, o condutor pode resumir as conclusões a que chegaram. Por exemplo, na reunião entre as duas famílias chegaram à conclusão de que os Kyung iriam sim contribuir com os custos do menino, mas também que ensinariam a ele o coreano e que o menino iria ter acesso total às duas culturas. Ele poderia escolher inclusive que religião seguiria, no futuro. Quanto ao nome, quando a questão foi devidamente explicada numa volta pela roda, Yuri, numa demonstração rara de vontade própria, declarou com firmeza que claro que iria dar seu nome ao filho.

Note que a decisão a que se chega dentro de um círculo precisa ser um consenso. Não se trata de votação, mas de uma decisão tomada em conjunto e aceita por todos os integrantes do grupo. Se um não concordar, não houve consenso e é preciso haver uma mediação até que todos cheguem a uma decisão aceitável para todos.

Esse movimento é o interessante do círculo, pois em geral permite que as questões realmente essenciais, embutidas nas bobagens que levam aos conflitos, aflorem e sejam resolvidas.

Se não for possível chegar-se a um consenso dentro, mais ou menos, do tempo combinado e se as pessoas estiverem sentindo certo cansaço, os membros devem combinar uma nova ocasião para o círculo xamânico da parceria.

*O fechamento*

Depois que o grupo tiver chegado a um consenso, o condutor faz um resumo bem sintético da conclusão, ou seja, das normas que todos concordam em seguir. Aí agradece a participação das pessoas e convida cada um a declarar, em voz alta, o seu comprometimento com o que foi decidido.

O condutor declara então que o círculo está fechado.

## Em síntese

PARA PRATICAR O CÍRCULO XAMÂNICO DA PARCERIA É PRECISO:

- Ter uma intenção clara do que se quer resolver.
- Marcar uma hora e um lugar para tanto, não permitindo interrupções.
- Abrir e fechar o círculo com formalidade.
- Dar a todos oportunidade de falar sem censura, com respeito e sem julgamento.
- Chegar a um consenso.

# 10 A mãe adolescente

As famílias acabam se acomodando numa rotina em que Matteus passa um tempo em cada casa de avós. Yuri, espantosamente, começa a ajudar a cuidar do menino quando o bebê fica por lá, aprendendo a trocar fraldas e a fazer mamadeiras. Bruna, no entanto, continua a tratar Matteus como um irmão menor, tanto que é a Rosa que ele chama de mãe.

Ela termina o colégio, presta vestibular, começa uma faculdade, larga, passa para outro curso. Sente-se sem rumo, com medo de escolher uma carreira que seja a mesma para o resto de sua vida. Como é que ela vai saber o que vai querer fazer pelos próximos cinquenta anos?

Abre sua mente para várias possibilidades. Faz um estágio como assistente do assistente de produção de vídeos, pesquisa a papelada para passar um tempo fora do país (mas não leva o projeto adiante, ainda mais quando os pais dizem que não vão pagar por isso, ela vai ter que se virar sozinha), e assiste a uma infinidade de palestras e cursos de um dia. Está bem perdidinha.

Um belo fim de semana de outono, de céu azul e sol ameno, Rosa lembra que vai haver um churrasco da empresa num clube de campo aberto para todos os familiares dos funcionários. Bruna não quer ir? Matteus está todo animado e Marcelo já preparou uma bolsa com maiô e vários brinquedos de piscina.

A garota concorda. Por que não? O programa é muito família, mas ela não tem nada programado para o dia.

Durante o churrasco com aquele monte de homens falando de trabalho ou futebol, as crianças gritando e correndo atrás de monitores,

Bruna fica meio deslocada, não há ninguém da idade dela. Nem solteiros interessantes...

Corina, que a essa altura já se tornou amigona de Rosa, percebe que Bruna está entediada e se aproxima da adolescente para puxar conversa. Como mãe solteira, ela conhece bem o sentimento de estar um tanto àparte de seus colegas de famílias doriana e mostra-se compreensiva para com os devaneios profissionais da moça. Durante a conversa, Anabela vem contar que Fred mandou um torpedo a pedindo em namoro!

Ela está radiante, Fred é um colega por quem Anabela se interessa faz um tempão. Corina ri e abraça a filha: – Não disse que ele vinha atrás de você? É que você é linda demais! – diz com carinho evidente.

Bruna assiste à cena de mãe e filha tão obviamente entrosadas e amorosas, aquela menina linda mesmo abraçando a mãe e contando de um triunfo, e sente uma pontada de inveja. De repente, percebe que é mãe mas que Matteus jamais viria correndo abraçá-la para partilhar qualquer coisa. Ele corre para os avós. Agora mesmo está no colo de Rosa, comendo um sanduíche e apontando para o que ele quer na mesa cheia de salgadinhos.

Toma consciência de que não é vista como mãe por ele. Ao ver Corina com a filha, percebe também que isso pode ser uma perda. Ela também quer aquela parceria e aquele carinho evidentes! É como se Matteus tivesse nascido naquela hora.

Depois que Anabela sai correndo, Bruna tem vontade de saber como é a relação de Corina com a filha. Ela não esconde nada, fala de sua opção de ser mãe apesar das dificuldades, do peso que foi cuidar da menina sozinha, sem um companheiro nem família por perto, de ter tempo limitado para ficar com a menina por conta de precisar trabalhar tanto.

Bruna enche-se de admiração. Nossa, como é difícil para ela! Mas mesmo assim tem uma filha super bonita que parece adorá-la. Anabela parece mais próxima da mãe do que Bruna jamais foi de Rosa, e certamente muito mais do que Matteus é dela.

Percebendo o interesse da adolescente, ela conta que Anabela não foi sempre assim solta, Corina precisou dar muita atenção à menina para ela se abrir para os outros. Conta também do xamanismo, de como entrar em contato com o poder interior a ajudou. Na verdade, gostou tanto daquela forma de resolver as coisas que fez um curso de xamanismo para desenvolver seus talentos e ainda fazia vários workshops sobre o tema. Entusiasma-se quando Bruna quer saber mais e embarca em longas descrições das viagens que faz sempre, toda semana.

Bruna fica surpresa de ouvir algo tão incomum naquele cenário de festa de empresa. Imagine, uma colega de sua mãe praticando xamanismo!

Ao perceber o interesse da outra, Corina a convida a participar de um grupo xamânico que montou para jovens mães. Na verdade, essa era a intenção, mas de vez em quando aparecem mulheres que não são mães e até alguns homens. O que eles fazem é, a cada quinze dias, viajar ao som do tambor para a realidade alternativa em busca de solução para problemas e para ouvir seus mestres.

Bruna quer participar de uma sessão para ver como é.

**Exercício do círculo de pedras sagradas**

Nós todos temos um arsenal de seres de luz à nossa volta querendo nos ajudar, inclusive os animais xamânicos de que já falamos. Eles querem o nosso bem, mas nem sempre conseguem nos contatar, já que nossa cabeça cheia de ideias e preocupações oferece uma barreira difícil de penetrar.

O exercício do círculo de pedras sagradas justamente nos permite chegar a um estado de receber essas mensagens e ajuda de luz.

Desde os tempos imemoriais, círculos de pedra – como Stonehenge – representam locais protegidos, onde há concentração de energia para o contato com o sagrado. Eles facilitam que as pessoas se religuem com a terra e o cosmos. Viajar em imaginação a um desses círculos permite que entremos em contato com este poder e nos afastemos um pouco das pressões do dia a dia.

Siga os procedimentos de todos os exercícios de separar um tempo, ir ao seu local de centramento e relaxar com respiração.

Coloque um cd de toque de tambor e estabeleça a intenção de visitar o círculo de pedras sagradas. Não importa se você não souber muito bem o jeito exato dele, basta a intenção de ir a tal círculo. Decida também o que é que você quer resolver dentro desse espaço sagrado.

Vá com seu animal de poder até uma planície bem verde onde encontra o círculo de pedras. Ele é rodeado de um enorme anel de luz, bem forte e brilhante. Quando você se aproximar com seu animal de poder, esse anel de luz vai permitir que você entre no círculo.

Dentro, você vai encontrar um mestre, uma pessoa, um animal ou um símbolo. Se não vir nada, peça para que apareça alguém para ajudá-la com seu problema. O que aparecer nesse círculo é uma ajuda direta para você pessoalmente. Você pode também sentir uma resposta, ter uma intuição ou uma sensação corporal, como calor.

Esse círculo facilita a comunicação. Assim, se aparecer um símbolo que você não entenda ou um animal fizer um gesto que você não consiga interpretar, faça perguntas telepaticamente para obter mais explicações. Não se espante se o cenário mudar e cenas totalmente diferentes aparecerem, são todas respostas para o que você quer saber.

Tenha a certeza de que o que se manifestar ali está a um passo de se coisificar na sua vida, caso você permita.

Fique o tempo que achar necessário. Sinta a luz dos seres todos que aparecem no círculo, experimente a paz que eles transmitem da sua realidade não-humana.

Ao final agradeça e vá voltando devagar pelo mesmo caminho da ida.

### *O grupo de jovens mães*

Bruna fica com a curiosidade acesa o suficiente para ir ao encontro xamânico promovido por Corina na escola onde ela estuda xamanismo. Umas quinze mulheres de idades variadas estão lá, algumas até mais novas do que ela. O salão é grande e arejado, com almofadas no chão e gravuras xamânicas na parede. Há um pequeno altar numa ponta com várias imagens da Grande Deusa, desde uma ilustração de escultura de pedra neolítica até imagens de Nossa Senhora de Aparecida e de Kuan Yin.

Corina a recebe com um abraço feliz e apresenta algumas participantes frequentes do grupo. Logo começa um bate-papo tão animado que Corina precisa interromper para que comecem.

Acende uma vela no meio da sala, faz um ritual de abertura chamando os protetores da casa. Cada uma vai depois invocando seus anjos, arcanjos, animais, orixás, elementais e todos os seres de luz que sintam estar próximos e dispostos a ajudar. A invocação coletiva muda a energia do grupo e as jovens mães sentem-se protegidas por um círculo de luz.

Corina pede para que sentem em círculo e cada uma fala rapidamente dos problemas que está enfrentando. Várias vezes na roda as mães adolescentes mencionam a sensação de serem injustiçadas: ninguém contou para elas como é difícil cuidar de um nenê! É trabalho que não acaba mais e ninguém ajuda! Os pais das crianças somem ou dão só um oi, o dinheiro nunca é suficiente, tudo fica por conta delas. As famílias das meninas nem sempre se dispõem a auxiliar, é uma canseira grande, não têm mais tempo para sair ou os amigos. Mesmo estar ali é um malabarismo de creches e amigos ajudando.

Bruna nota, no entanto, que mesmo as mais novas falam com entusiasmo de seus filhos. Ela capta ali um amor grande, apesar de toda a irritação com o mundo pouco adaptado para mães. Fica muito incomodada de ter uma situação tão fácil e ter feito tão pouco pelo seu filho.

Corina explica então o exercício do círculo de pedras sagradas (dado atrás) e pede para que cada uma estabeleça uma intenção clara, apenas uma, para levar ao círculo na imaginação. Para as mulheres que estão ali pela primeira vez, Corina explica o conceito de animal de poder e pede para que olhem em volta antes de começar a viagem para ver se aparece algum companheiro. Bruna acha um tanto estranho aquilo tudo, mas quer arriscar. Todas se deitam no chão sobre almofadões.

Corina conduz um relaxamento, mandando que respirem fundo. Começa a tocar tambor sempre no mesmo ritmo e dá a ordem para que iniciem a viagem, ficando então sem dizer mais nada.

Bruna não espera ver coisa alguma, mas não é que se vê dentro de um círculo de pedras parecido com Stonehenge? Parece um cenário de videogame, muito colorido e meio chapado, mas brilhava. E do lado de uma coluna há uma leoa, que chega perto como se fosse um gato de estimação. Bruna se vê como uma personagem de jogo, andando sem os pés no chão, movendo-se com o pensamento. Que legal! Lembra de repente que precisa ter uma intenção clara. Ela queria perguntar sobre o que fazer de estudo, carreira, mas ali no meio daquelas mães tem vontade de perguntar sobre Matteus. O que ela deve fazer sobre ele? Como ter aquela proximidade que as outras têm com os filhos?

Aparece como mágica um poste com duas placas apontando para direções opostas. Ela não consegue ler o que está escrito, mas sabe que são caminhos diferentes. Aí vê um homem com cabeça de cachorro olhando de lado e segurando uma balança. Que louco!

Como ela não sabe que pode fazer perguntas, só fica olhando. Corina manda que todas voltem da viagem e toca mais um pouco para a retomada da consciência comum. Bruna vai voltando com uma sensação de ter tido um encontro muito especial. Quem seria aquele homem? Que estranha a sua aparência, mas mais estranho ainda é que ela não sentiu medo nenhum.

Corina pede então para que cada uma fale sobre o que viu. Bruna observa que as viagens são muito variadas, cada uma para um mundo diferente. Algumas meninas não veem, só sentem calor ou toques ou cheiros ou ouvem palavras na mente. Todas prestam atenção ao que as colegas contam e Corina dá uma interpretação que corresponde à questão que a moça levou, mas sempre perguntando se o que ela fala faz sentido e ecoa no coração. Nada de imposições lógicas ou sistemas fechados de interpretação, dá para perceber.

Bruna fala do que viu e uma moça, Celeste, exclama encantada:
– Anúbis!

– Quem?

– É um deus egípcio! Ele fica na entrada do mundo dos mortos e essa balança é para pesar o coração de quem morreu. Os egípcios achavam que, se o coração pesasse mais do que uma pena, a pessoa ia para o inferno.

– Credo! – Bruna se espanta. – Mas e daí? Eu vou morrer?

– Não, o que você vê é simbólico – Corina a acalma. – Podemos perceber o que as suas visões significam juntas. A leoa é provável que seja seu animal de poder, depois você precisa fazer uma viagem para confirmar. O poste indica direções, você tem uma escolha. E o deus-chacal egípcio provavelmente indica que você precisa pesar o seu coração, sentir o que é realmente importante para você agora.

Corina pergunta qual era a intenção da viagem e Bruna desabafa tudo o que está sentindo a respeito de seu filho. Conta como sentiu-se abandonada por Yuri, como não quer cuidar de Matteus sozinha, como ficou com medo da prisão de ter um filho tão nova, ainda sem trabalho, sem carreira, sem marido. Seus pais ajudaram, mas agora Matteus chama Rosa de mãe, não a ela. Bruna não é mãe de verdade.

As moças ouvem com empatia. Várias pensam que, se tivessem pais que assumissem tudo, talvez também largassem mão de cuidar do bebê.

Corina volta ao que Bruna viu e sugere que as duas direções que ela tem diante de si são de assumir ou não o filho, e que só cabe a ela decidir bem lá dentro do seu coração. Anúbis mostra que ela deve julgar pelo mais íntimo de si e não pelo que se diz que é certo ou errado para mães. Se Matteus já está sendo cuidado, ela não precisa se preocupar de estar abandonando alguém indefeso mas sim de sentir se quer o comprometimento de uma relação tão forte quanto entre mãe e filho. E tão prazerosa.

O grupo fica tocado com o dilema de Bruna. Celeste pergunta se elas não podem fazer mais uma viagem para Bruna perguntar a Anúbis o que está dentro de seu coração e que caminho deve seguir. As moças todas se animam, porque é mais uma chance de cada uma esclarecer o que viu ou sentiu.

Corina concorda e conduz mais uma viagem. Bruna se vê de novo dentro daquele cenário brilhante do círculo, mas não aparece Anúbis nenhum. Mesmo assim ela confia e faz a pergunta de que caminho seguir e de novo aparece a leoa, só que agora lambendo três filhotes. Depois a felina deita de barriga para cima e eles rolam nela como num tobogã, fazendo farra. Bruna tem vontade de rir.

Quando voltam e comentam o que viram, as moças palpitam que Bruna deve se aproximar do filho, porém num pique de brincadeira. Corina observa que a leoa é uma mãe muito cuidadosa, muito presente, que não abandona jamais seus filhotes. Diz também que, pelo fato de ter aparecido em número de quatro (a leoa e os três filhotes), estava ali a confirmação de que ela era seu animal de poder. Se

Bruna viu esse animal, provavelmente a energia dentro de si é de uma mãe próxima e amorosa.

– Tomar conta dá trabalho – Celeste comenta. – Mas é muito bom sentir seu filho aprendendo a falar, a entender as coisas. É muito lindo!

Bruna sente a emoção da moça e percebe que está mesmo perdendo algo. Alguma coisa acontece dentro dela, tem um impulso forte de se ligar a Matteus, quase uma dor de estar tão distante dele.

Sai dali animada, tendo trocado telefones e emails com Celeste.

Corina fica muito feliz em ver a filha de sua amiga tão tocada pelo trabalho xamânico. Conta a Rosa que Bruna foi lá e fez descobertas profundas. Corina não pode comentar detalhes, já que o que ocorreu era dentro de um grupo xamânico de ajuda mútua. Mas diz à colega que é bem provável que vá se surpreender com a filha.

## *Amadurecimento*

A trajetória de Bruna ilustra vários dos problemas mais comuns das mães adolescentes, o primeiro dos quais o de que, apesar de o corpo estar preparado para gerar um filho, o mesmo não se dá com a cabeça. A menina não se vê como mãe, não entende o alcance de assumir responsabilidade por outra pessoa, se revolta quando não consegue fugir do peso de obrigações que não parecem ter a ver com ela.

Claro que a quantidade enorme de mães adolescentes e filhos mal cuidados é resultado daquele extremo desequilíbrio entre masculino e feminino que impera em nosso mundo. O uso descuidado de tudo, inclusive de nossos corpos, permite que o sexo aconteça sem qualquer responsabilidade. No calor dos hormônios, as pessoas acham aceitável deixar para lá as precauções anticoncepcionais, como se trocas sexuais não tivessem consequências.

Só uma sociedade ensandecida poderia presumir que o contato mais íntimo entre duas pessoas, aquele que propicia a abertura para o êxtase sagrado, não tem importância nenhuma nem produz resultados. Filhos são uma possibilidade, mas há também as tantas doenças sexualmente transmissíveis, a troca de energia entre pessoas às vezes incompatíveis e que pode deixar uma delas esvaziada, a dessensibilização para emoções sutis por conta do excesso de contatos, o descuido mesmo com a vida.

Fora isso, existe o mito perpetuado em todos os meios de comunicação e religiões e crenças de que a maternidade é fácil e se basta. Que a mulher foi feita para ser mãe e que basta ter o filho no colo para magicamente se transformar numa mãe amorosa e responsável. Que ser mãe não dá trabalho, que qualquer moça automaticamente saberá ser mãe.

As próprias adolescentes acreditam nisso e, em lugar de entrar na maternidade com consciência, embarcam no faz-de-conta glamurizado que nossa sociedade vende. Quando percebem a gelada em que se meteram, o filho já é uma realidade incontornável. E grande candidato e se tornar uma pessoa desajustada, infeliz, com um enorme vazio dificilmente preenchível.

Não cabe a nós pregar nenhum moralismo. Seja como for que o sexo seja visto, alimentar culpas, proibições, acusações não levam a nada. Acreditamos que o importante é cada pessoa, em especial as mulheres, lembrarem que o contato sexual cria a possibilidade de muita coisa acontecer, inclusive a geração de filhos. E que cada uma de nós precisa assumir esse poder potencial de ter prazer e gerar vidas, fazendo apenas o que sentimos que realmente combina conosco. Precisamos ser fiéis a nós mesmas, mas para tanto precisamos saber o que queremos.

O xamanismo, como tantos outros caminhos de despertar da consciência, convida as pessoas a se tornarem alertas e a fazerem escolhas responsáveis.

Foi o que Bruna finalmente fez, três anos depois de ter dado à luz seu filho. Tornou-se mãe apenas quando teve consciência de que o elo era possível e de que ela precisava assumir aquela responsabilidade por inteiro, desde o seu coração. Só assim pôde transformar os medos, a revolta, a preguiça de assumir obrigações e sentir inclusive o prazer de criar uma pessoa para a vida.

### *A força do grupo*

Há uma grande diferença em ficarmos sós com os nossos problemas e partilhá-los com um grupo. Ouvir outras pessoas e interagir com elas tem uma energia própria, superior à da soma das pessoas presentes.

No entanto, nem todo grupo serve para o momento que estamos vivendo e nem todo grupo, mesmo bem intencionado, combina com nossas crenças, princípios e ética pessoal. Se há algo que existe em profusão na época em que vivemos é a diversidade de práticas, crenças, cultos, templos, e cabe a cada uma de nós selecionar o que mais se alinha com nossos desafios de ampliação de consciência.

Fica a nossa sugestão: procure um grupo, mas tome alguns cuidados.

- Evite grupos fanatizantes, que exigem sacrifícios, abandono de sua vida cotidiana, afastamento de seus amigos e familiares, práticas secretas, obediência cega a autoridades que se intitulam superiores. O caminho do xamanismo é democrático por excelência, privilegiando sempre a liberdade pessoal, as suas próprias decisões e intuições.
- Evite grupos que ofereçam soluções mágicas e instantâneas, que não requeiram a sua participação consciente, ainda mais se elas forem abusivamente caras. O xamanismo jamais pede a entrega do poder pessoal, trabalhando, ao contrário, em prol do empoderamento de cada ser humano. É natural que aconteçam pagamentos, já que vivemos numa sociedade organizada pelo dinheiro, mas quando alguém pede uma quantia exorbitante em troca de “milagres” o seu alarme deve tocar. Idem se alguém requer algum tipo de servidão para manter você protegida ou abençoada. No xamanismo, quem faz o milagre é você mesma, quem ativa a proteção dada pelos mestres, animais de poder e pela luz do amor é você mesma.

- Faça o teste da realidade. Observe com calma e cuidado se a prática dentro do grupo traz reflexos e resultados bons à sua vida. Use seu discernimento e intuição. O caminho do xamanismo pode levar a visões bem estranhas, a percepções completamente fora do senso comum e do que é dito pelos meios de comunicação. No entanto, dá para perceber que aqueles são símbolos que trazem chaves para a compreensão da realidade de todos os dias e a energia que despertam cria eco no coração. O xamanismo nos conecta com uma verdade interna que nos ajuda a resolver os problemas mais complexos.
- Sinta o seu coração. Se o grupo lhe traz uma alegria contagiante, se é um prazer se reunir com aquelas pessoas, se fica um sentimento de que todos ali de alguma forma são irmãos, este é um bom grupo para você. Um grupo deve gerar conforto, mesmo que as questões abordadas sejam difíceis. E você deve levar para a vida um sentimento de paz e fé, de que houve uma troca benéfica para você e os outros.

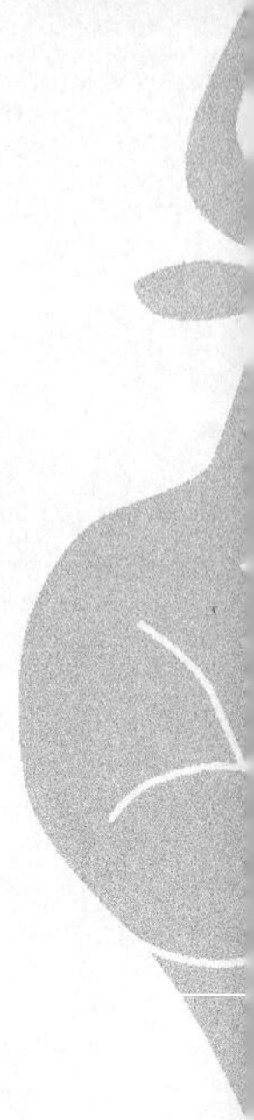

# 11 A mãe lésbica

Celeste, que participa do grupo xamânico conduzido por Corina focado em jovens mães, conseguiu dar apoio a Bruna porque já viveu muitas dificuldades próprias. Mas adora seu filho e não consegue imaginar sua vida sem Heitor.

No momento estão enfrentando um difícil problema na escola e ela usa o xamanismo para saber o que fazer. O menino, de doze anos, andava meio retraído e, por insistência dela, finalmente contou que tem oito colegas que o perseguem, rindo e provocando sempre que podem.

Celeste está apreensiva e furiosa ao mesmo tempo. Seu filho é negro como ela, e saber que o trataram de "neguinho safado" a fez enxergar vermelho.

Senta-se com Andreia, sua companheira, para resolver o que devem fazer. Andreia é médica pediatra, muito centrada, com um espírito prático enorme. É também lésbica assumida, disposta a brigar sempre que sente alguma injustiça no ar. E injustiça é o que as duas estão vendo de monte, conforme Heitor conta o que fazem com ele todos os dias: o grupinho, perverso e dissimulado, no recreio ou na saída, quando não há professores por perto, fica lhe dando ordens como se ele fosse um escravo, empurram-no, chutaram sua mochila longe já duas vezes, ficam dando tapas na sua cabeça.

Andreia e Celeste dão uma bronca no menino. Como ele deixou tudo aquilo acontecer sem dizer nada a elas? Elas não são a sua família, que o amam de coração?

Heitor diz que achou que ia passar, que não ia ser tão ruim. Achou que, se fosse legal e bem-humorado, esses colegas iam acabar gostando dele. Não era isso que sua mãe ensinava? A olhar de frente quem o tratava mal por ser negro?

Mas tem um colega, Rubinho, que é uma praga, parece que passa as aulas imaginando coisas ruins para dizer a Heitor e também a outros colegas. O garoto ri de quem é mais pobre, das meninas feias, de quem usa aparelho nos dentes. Fala mal dos professores, diz que o pai dele ganha mais que todo mundo, adora contar do BMW prata do ano que o pai deu para a mãe.

É um insuportável. Heitor tentou conversar com ele, até baixou umas músicas pela internet para passar para o MP3 do menino. Mas quando Rubinho o chamou de neguinho safado na frente de um monte de colegas e fez todo mundo rir, Heitor sentiu-se muito humilhado. Fechou a cara e não quis mais fazer nada do que o líder mandou.

Agora tem ouvido algumas ameaças veladas de que o grupo vai pegá-lo para dar uma lição.

Celeste não consegue ficar sentada ouvindo tudo isso, levanta e anda pela sala espumando. O ataque a seu filho a deixa profundamente abalada, sente vontade de "matar" o tal Rubinho. Andreia precisa acalmá-la e fazer com que o menino continue falando, para saber o que fazer.

As duas são um casal bem diferente. Celeste é negra, profissional concursada do Banco do Brasil, nervosa e briguenta. Precisa se esforçar para não bancar a vítima, visto que tende a achar o mundo cruel e incorreto. Já se relacionou com homens e sentiu muita dúvida se queria ficar mesmo com uma mulher, Andreia a venceu pelo amor. É seu porto seguro, estão juntas já há cinco anos.

Andreia é bem mais calma, uma médica pediatra muito conceituada no hospital onde trabalha. Seu chefe sabe que ela é lésbica, suas melhores amigas também, portanto não se sente ameaçada na profissão. Já contou para a família olhando todo mundo nos olhos faz vários anos. A mãe dela, bem diferentemente da de Celeste, logo superou o choque e acolheu tanto a filha quanto a sua namorada da época. Agora recebe Celeste muito bem na sua casa, mostrando simpatia para com a nora.

Entre elas há também a diferença de cor de pele, já que Andreia é branca e loira. Sua experiência de sofrer preconceito é por ser homossexual, enquanto a de Celeste veio primeiro pelo fato de ser negra e agora por estar se relacionando com uma mulher. Que tudo isso vá se refletir no filho pequeno a deixa louca. Mas ela é chamada pelo lado racional da companheira. Em vez de perder as estribeiras, as duas saem para a batalha.

Claro que nem tudo sai como elas queriam. As duas procuram falar com a diretora, mas a distinta pedagoga, ou melhor, sua secretária, informa que primeiro devem explicar o caso à orientadora pedagógica do fundamental. As duas faltam em seus respectivos trabalhos e vão à escola no dia marcado para externar sua indignação.

A orientadora, uma senhora aparentemente austera, dada a forma abotoada como se veste e a postura rígida com que senta à sua mesa, não se mostra à vontade com o casal de mulheres. Na verdade, não sabe como lidar com as duas, dirigindo-se sempre à mãe de Heitor e fingindo ignorar que Andreia tenha algo a dizer.

Dona Luzia prefere não dar muita importância ao que as duas contam de maneira cada vez mais irritada, minimizando a necessidade de medidas enérgicas de proteção ao garoto e disciplinares contra os colegas praticantes de *bullying*. Ela aliás, espantosamente para alguém em sua profissão, finge nem saber o que é isso, chamando tudo de brincadeiras entre crianças.

As duas sentem uma barreira intransponível de falta de interesse da orientadora pedagógica, assim como um evidente preconceito para com um casal pouco tradicional como elas.

Voltam para casa frustradas e aborrecidas, além de preocupadas com a segurança de Heitor.

No dia seguinte mesmo, o grupinho se junta depois da escola e monta uma emboscada contra Heitor. Fazem uma roda em sua volta e começam a xingá-lo de covarde por ter contado à mãe sobre eles. Gritam muito, dizendo coisas como viadinho, bebê chorão, filho de sapatonas e que eles vão ensiná-lo a ser homem. Aumentam as agressões, rasgando sua roupa e o empurrando no meio do círculo.

Heitor fica apavorado, estão os oito ali fechando seu caminho e o dono da loja de roupas em frente não mexe um dedo para ajudá-lo, fica só olhando.

O garoto mede a situação em segundos e toma uma decisão brilhante: parte para cima justamente de Rubinho, que dá um passo atrás de surpresa. Heitor então sai correndo, mostrando o ótimo atleta que é nas passadas longas que deixam para trás todos os colegas. A mochila fica lá, mas ele chega em casa inteiro, apesar de arranhado no braço e com a camiseta rasgada.

**Exercício do labirinto**

Na tradição matriarcal, de que restam alguns indícios na cultura da ilha de Creta, existe o grande mistério do labirinto guardado pelo Minotauro, um ser mítico com corpo de homem e cabeça de touro.

Parte desse mito foi deturpada pelos gregos que vieram depois dessa civilização minoica, mas na nossa memória arcaica permanece esse caminho de iniciação forte e abençoado pela Deusa ou Grande Mãe.

Você pode visitar o labirinto quando precisar, mas não é um local para dúvidas comuns de todo dia e sim para resolver questões fundamentais, tais como um sentimento de inferioridade permanente, baixa autoestima, falta de um sentido para a vida ou, como a situação descrita acima, de perigo para uma criança. O labirinto dá respostas profundas, para a alma. Pode acontecer de vir um símbolo sem maiores explicações, como por exemplo um cálice e um coração, cabendo a você decifrá-los (provavelmente se referem ao amor e à compaixão).

Como em toda viagem xamânica, é necessário que haja uma intenção clara para esse exercício. Mais ainda, é preciso a vontade de fazer uma grande descoberta a respeito de si mesma ou de uma situação crítica pela qual esteja passando.

Prepare-se como para outros exercícios de imaginação ativa, acalmando-se com respirações e um tempo reservado em seu local de empoderamento. Acenda a sua vela, coloque seu cd de tambor, relaxe.

Firme para si mesma a sua intenção. O que você quer muito descobrir no centro do labirinto? Por exemplo, você pode pedir para enxergar qual é a sua missão de vida. Ou o que você precisa para se libertar do sentimento de valer pouco. Ou como resolver situações ruins que se repetem.

Chame seu animal de poder e veja-se entrando pela caverna por onde você costuma passar para a realidade xamânica. Entre por um túnel que termina numa parede. Peça a seu animal de poder para encontrar a porta secreta que está camuflada ali. Magicamente, seu aliado vai fazer alguma coisa que revela uma abertura naquele muro. Entre nesse novo universo – o mundo profundo – e veja à sua esquerda um guardião, que pode ser o Minotauro. Ele só vai deixá-la passar se você lhe entregar alguma coisa muito particular, um aspecto seu. Tome cuidado, entregue apenas um traço de personalidade que não seja muito positivo, como por exemplo sua arrogância ou preguiça ou medo. Não vá entregar sua alegria, certo? Você a quer, não é verdade?

Guardiões do mundo profundo não são mestres, apenas vigiam a entrada desse nível onde as energias são muito poderosas e densas. É lá que se resolvem os problemas mais encravados, portanto um local bom para visitar de vez em quando. Mas não volte com frequência, o mundo profundo mexe demais conosco.

Não tenha medo, seu animal de poder é protetor e o acompanha em cada etapa.

Ao receber a permissão do guardião, dirija-se para o labirinto. Entre com a certeza de que no centro está sua resposta. Ande pelo labirinto com calma, reparando em suas paredes e iluminação e como são os caminhos ali.

Um dos caminhos vai levar você à primeira câmara. Olhe o que está ali à sua espera. Grave esse símbolo (ou sensação ou cena) na sua memória. Continue andando em direção ao centro. Você vai encontrar a segunda câmara. De novo, preste atenção ao que está ali. Você pode ouvir mensagens ou sentir cheiros, como em toda viagem xamânica. Finalmente, continue até a terceira câmara, que é o centro do labirinto. Lá você vai encontrar a grande resposta.

Esse é um momento de muita emoção, permita-se sentir essa comunicação da Grande Mãe. O centro do labirinto contém o seu grande tesouro, prosperidade e luz sem fim para você receber em sua vida agora.

Não pegue nada, apenas sinta. Este é um local mítico e sagrado, mostre respeito e gratidão.

Volte na companhia de seu animal, passe pelo guardião, volte à caverna e finalmente ao aqui e agora.

Fique relaxada e relembre o que viu ou sentiu. Escreva ou desenhe suas impressões. Essa viagem é poderosa e pode não se explicar imediatamente. À medida que sua consciência se ampliar, o significado completo dos símbolos vai se mostrar de forma prática.

O que você viu nas duas primeiras câmaras é em geral o que precisa cultivar para chegar ao seu florescimento completo, representado na terceira câmara.

Aqui está um dos caminhos possíveis para criar uma nova pessoa em você mesma ou encontrar novas soluções para situações que parecem travadas.

## *O cansaço*

Celeste está em casa quando Heitor chega todo arranhado, amassado, a camiseta rasgada, os olhos arregalados de adrenalina e medo. O espírito da mãe entra em funcionamento de forma automática: manda que ele tome banho, esteriliza as feridas, pergunta se ele quer um chocolate quente. Heitor aceita e os dois sentam à mesa da cozinha, ela com um chá de camomila, ele com o chocolate. Celeste começa a chorar e seu filho chora junto, de choque. Aos poucos ele conta os detalhes, fazendo baixar sobre os dois um sentimento de injustiça e impotência avassaladores. Mãe e filho se apoiam e conversam bastante, mas sentem-se num mundo hostil. Celeste mantém a pose de coragem e consola o filho o quanto pode, oferecendo carinho e aconchego, mas é tomada pela depressão.

Mais tarde, vai para seu quarto e chora desconsoladamente. Andreia está dando plantão e não tem como ajudar com seu jeito centrado, Celeste sente todo o peso da situação sozinha.

Na verdade, apesar da aparência de uma crise externa bem concreta, o que pega Celeste no meio do peito é o eco que a perseguição a seu filho reverbera em seu interior. Quem nasce com a pele negra nossa sociedade traz no sangue a memória ancestral dos escravos. Assim como o arquétipo da serva está no interior das mulheres há séculos, o arquétipo do e da escrava também habita o inconsciente coletivo, contribuindo para criar situações de opressão e humilhação para os negros. As pessoas de pele escura sentem uma grande falta de confiança nos indivíduos em volta – baseadas em situações tanto históricas quanto atuais – e se retraem no medo, esperando sempre o pior quando algum sinal aciona o arquétipo. Claro que, dependendo da personalidade, esse medo pode se transformar em reações as mais variadas, inclusive de agressividade, arrogância ou clareza mental para dissecar as expressões de racismo, mas de forma geral a emoção dentro da pessoa é muito intensa porque vem acompanhada de todas as imagens e símbolos inconscientes da escravidão.

Celeste é uma mulher que escolheu uma vida de muitos desafios. Além de negra, ela é lésbica, somando os preconceitos sofridos pelas mulheres, pelos negros e pelos homossexuais. É comum ouvir comentários sobre o "tipo de mãe" que ela é para Heitor.

Vira e mexe sente o olhar desaprovador de vizinhos, conhecidos, vendedores quando pega na mão de Andreia em público, percebendo, além disso, um julgamento perverso vindo de algumas dessas pessoas, como se ela tivesse seduzido a moça branca para subir na vida.

As vidas mais difíceis apresentam a armadilha de facilitar a posição de vítima: Celeste teria muitos ótimos argumentos para se considerar perseguida e desfavorecida. As vidas complicadas, no entanto, oferecem também a chance – dobrada ou triplicada – de fazer com que a pessoa desenvolva todo o seu potencial e assuma responsabilidade sobre o que lhe acontece.

Não é nada fácil e vai contra tudo o que nos ensinam na escola e na televisão, mas pode ser feito. E Celeste já tem um histórico de ir contra a corrente, de procurar respostas no lado alternativo da cultura, tanto que foi parar no xamanismo. Apesar do cansaço extremo que sente, ela se acalma e começa a relaxar. Lembra das palavras tantas vezes repetidas por Corina no grupo de mães de que criamos a nossa própria realidade. Que tudo o que acontece tem uma razão. Que tudo o que é criado pode ser descriado se não nos deixa felizes. Resolve então fazer a viagem xamânica do labirinto para descobrir a verdadeira saída para o problema que ela e seu filho enfrentam.

### *O labirinto de Celeste*

Ela encontra na porta do labirinto não o Minotauro, mas um leão branco. Entra com ele – e não o cavalo, o animal de poder que costuma estar a seu lado – e começa a percorrer um túnel muito rapidamente. Não vê três câmaras como programado, mas vai direto ao centro. É uma câmara brilhante, cheia de luz, e no centro há uma arca grande e pesada de ouro puro. Celeste vai até lá e a abre. De dentro da arca saem cenas de sua vida inteira, muito nítidas, de desafios enfrentados. Todos os momentos difíceis passam pelo ar, sendo resolvidos com a força de vontade e a insistência dela. No fundo da arca surge o coração de Cristo naquela imagem clássica, rodeado de espinhos. Celeste ouve então uma voz dizendo que é preciso retirar os espinhos do coração, que eles já não fazem sentido. Aparece depois o coração de Maria cheio de rosas. Ela vê os dois corações se juntando e ouve a voz dizendo que é tempo de reunir.

Volta lentamente para a sua consciência comum, com as imagens todas fortes na sua mente.

Nossa, tudo muito interessante. Mas o que será que querem dizer?

Celeste já estudou mitologia grega, egípcia e asteca, adora símbolos. Ela sabe que o que viu tem muitos significados, mas talvez não decifre todos imediatamente. O leão ela entende: é o animal da dignidade. Recentemente ela leu também que é o símbolo da autenticidade, que o rugido do bicho representa o que ele é sem qualquer artifício.

Reflete um pouco. De fato, é o modo melhor de resolver problemas. Quando ela se apresenta como é, sem tentar parecer mais nem menos, sem mudar sua aparência ou voz ou gestos, costuma obter bons resultados. As pessoas reagem bem a ela assim, mesmo sendo lésbica e negra.

Lembra que não foi o que fez no dia da reunião com dona Luzia. Lá tentou ser mais séria e contida do que de fato é. Percebeu que a orientadora não estava confortável com elas duas e quis se mostrar mãe competente e responsável, a mãe perfeita.

Deitada ainda em suas almofadas, sentindo o incenso que queima, pensa na linda arca que viu no centro do labirinto. Enorme! Quanto ouro! E como as cenas da sua vida estavam iluminadas! Parecia uma projeção de cinema, muito linda.

Mas e daí?

Pensa nas brigas variadas – com sua mãe, que não quis aceitar a união com Andreia; com seu primeiro empregador, que a tratava de maneira humilhante – e nas vitórias, como o concurso para o qual estudou e passou no banco. Pensa em como não é mais a menininha mais assustada da classe, da família, do trabalho. Que não é menina, aliás, mas uma mulher bem atuante. O leão a levou lá para que veja sua força e dignidade.

Celeste se sente revigorada, parece que passou para outro estágio. Já começa a sentir que vai saber sair dessa crise por cima e dando risada. Só não sabe o que os corações significam, apesar de mostrarem que sofrer não é o caminho.

**Exercício do retorno à cena**

A realidade xamânica pode ser revisitada quando quisermos. Se uma imagem ou cena não ficou clara ou não se resolveu, podemos esperar para ver se o mundo nos dá indícios do significado – um livro nos cair na mão ou uma entrevista de alguém numa revista explicar o que queremos saber – ou podemos voltar à cena em estado alterado de consciência para elucidá-la melhor. Isso também vale para sonhos, caso você queira interpretá-los.

Repita o processo de relaxamento em seu local de empoderamento e estabeleça a intenção clara de que deseja voltar à cena específica de uma determinada viagem xamânica ou um sonho para descobrir seu significado. Peça ao seu animal de poder para acompanhá-la. Respire fundo e se veja (ou sinta) lá novamente. Lembre-se de que pode mudar essa realidade, nada precisa ficar como você encontrou da primeira vez. Se teve um pesadelo, por exemplo, pode pedir ao seu animal para ajudá-la a modificar o andamento da cena, interferindo de modo melhor para o seu conforto.

Você pode também perguntar a um personagem – seja humano, animal ou fantástico – o que ele significa ou representa, qual seu papel ali para você. Acredite na resposta, ela vai fazer sentido.

Se uma situação parece congelada ou sem sentido, peça a seu animal de poder para interferir ou lhe mostrar o que fazer. Não se impressione se tudo mudar de repente e você se vir num cenário que não é mais o de seu sonho ou sua viagem anterior. Aja nesse novo local e preste atenção aos símbolos ou personagens que aparecem, pois estão se comunicando com você ou resolvendo seu problema na realidade xamânica.

É sempre bom lembrar que os exercícios de imaginação ativa não devem ser conduzidos por um roteiro. A mente lógica sabe muito pouco desse outro mundo e, se deixarmos a cargo do raciocínio, as viagens xamânicas serão muito limitadas. Depois de estabelecer uma intenção clara – para não ficar vagueando à toa – e depois de chamar a companhia de seu animal de poder – para estar sempre auxiliada e protegida – deixe-se levar pela imaginação que surge espontaneamente. A energia que movimenta a imaginação é uma das mais poderosas que existem e tem o potencial de transformar completamente nossas vidas. Nada é "só" imaginação.

### *O retorno à grande viagem*

Celeste vai dormir aquela noite pensando nos símbolos que viu na viagem. Aqueles corações pareciam brilhar no escuro, que lindos! Era bem como Corina tinha dito no grupo xamânico, os símbolos têm o poder de modificar a realidade mesmo que a gente não os compreenda. É uma característica deles trazer a transformação quando são vistos ou sentidos.

Logo de manhã, Celeste acorda antes do despertador. Naquele estado ainda meio sonolento, relaxada na cama, resolve fazer o exercício de voltar à viagem para entender melhor o que significava, em especial em relação a Heitor. Invoca seu animal de poder, o cavalo, e vê-se montada nele, galopando para o interior do labirinto mais uma vez. Dessa vez o leão branco não aparece. Quando mostra curiosidade, o cavalo lhe diz que ela pode chamar a força daquele leão quando quiser.

Quando um animal aparece branco – e lembre-se que você não precisa vê-lo, pode senti-lo ou saber telepaticamente que ele é assim – transmite a você um poder muito intenso, aumentado, das qualidades daquele animal. Um leão branco como o visto por Celeste significa a coragem do felino potencializada mil vezes!

Com essa intenção clara, Celeste chega de novo à câmara central do labirinto, mas vê lá uma outra cena: um jardim muito amplo e ordenado, como o de Versalhes, e um cowboy montado num cavalo branco, rindo e rodando o laço no ar. Celeste pergunta-lhe o que significa e ele responde com um sorriso escancarado: – Vamos nos divertir com essa briga! Nós sabemos laçar, vamos mostrar nossa perícia – e faz o cavalo empinar como num filme de cowboys de Hollywood.

Celeste volta à realidade comum rindo sozinha. Ah, então é isso! Ela tem que sentir o prazer do bom combate, sabendo que está com a razão!

Levanta-se animada e vai tomar banho. No chuveiro, vem-lhe de repente a lembrança do dono da loja que Heitor disse tê-los visto. Acorda Andreia e o filho, inventa uma desculpa para chegar atrasada ao banco e monta seu plano de batalha.

## *Chamado à integridade*

No mundo de hoje, infelizmente é muito mais comum as pessoas se omitirem do que tomarem uma posição em relação a injustiças. Talvez por estarmos tão acostumados a ver barbaridades pela televisão, o que deixa as pessoas insensíveis e habituadas à passividade, a maioria de nós perde a capacidade de agir no momento presente. A vida nos passa como um filme ou reality show de mau gosto, distanciada de nós.

Entrar em contato com as energias da realidade xamânica, no entanto, nos deixa vibrando de uma forma muito mais intensa, que as pessoas em volta captam. E prestar atenção a símbolos interiores, por estranho que pareça, abre os olhos para o que acontece à nossa volta. Ainda mais quando procuramos significado em cada minuto que vivemos, como no caso de Celeste, que decifra um símbolo poderoso. Ela nem sabe, mas o jardim bonito e ordenado que se apresentou na sua viagem significa a antessala de seu empoderamento pessoal, o que os psicólogos chamam de Self. Ela está perto de chegar à fonte de energia sagrada que existe em seu interior.

De qualquer maneira, essa energia vibra e já deixou tanto Andreia quanto Heitor entusiasmados para tomar providências. E, quando chegam à loja em frente ao local onde o menino foi atacado, têm a sorte de encontrar logo na porta o dono que testemunhou o ocorrido.

Com muita confiança no que quer, o laço jogado com movimento preciso, Celeste declara que está ali para exigir que ele seja testemunha de que o filho foi covardemente atacado por um bando de colegas. Ela percebe na face do homem o impulso de negar, mas não lhe dá tempo de responder: – O senhor vai se redimir de não ter feito nada na hora e vai nos ajudar agora. Ou o senhor vai ser mais um dos que serão processados por nós... Tenho certeza de que um homem honrado como o senhor, que tem filhos e netos – ela aponta para as fotos da família penduradas atrás do balcão – vai tomar nosso partido.

Naquele momento, por estas coincidências "mágicas" que acontecem quando movimentamos as energias corretamente, o segurança daquele trecho da rua entra na loja com a mochila de Heitor na mão, dizendo que viu o menino ser perseguido no dia anterior e deixar cair suas coisas.

O casal de mulheres sorri e agradece, pedindo-lhe para também ser testemunha. O rapaz concorda de pronto, o que força o dono da loja a ter um comportamento minimamente responsável e concordar também. Andreia, sempre prática, anota emails e telefones e nomes completos, assim como os números dos documentos e endereços.

Saem de lá e dirigem-se para a escola com passos decididos.

Dessa vez, nada de orientadora: exigem falar com a diretora naquele instante. A ameaça nada velada, dita com um sorriso à secretária, é de que irão dali para a delegacia fazer um B.O. caso não sejam imediatamente atendidas.

Funciona. Dona Marta de Albuquerque e Cavalcanti, doutora em pedagogia com pós-doutoramento em psicologia da educação, pede que entrem. Celeste nem por um momento tenta parecer razoável nem se preocupa com o que a outra pense delas duas, simplesmente ruge sua indignação.

As duas são concisas: ou a escola toma medidas claras e públicas de repúdio ao *bullying* e disciplinares em relação a todos os meninos do grupo que atacou o filho, ou elas moverão uma série de processos contra a escola: 1) por racismo, por não proteger a integridade física de um aluno; e 2) por discriminação por orientação sexual contra elas, que já fizeram uma reclamação à autoridade competente naquela semana mesmo, sem terem sido ouvidas, provavelmente por preconceito.

– Dona Marta, eu garanto uma festa na mídia – diz Celeste com um sorriso. – Temos duas testemunhas preparadas para descrever o ataque covarde a meu filho negro por um grupo de alunos brancos dessa escola. As televisões vão adorar... – continua sacudindo o papel com os nomes dos dois homens anotados.

Heitor mostra seu braço arranhado para comprovar o que a mãe diz.

– Não podemos esquecer do assédio moral que ele sofreu por meses antes de isso acontecer. E como a escola disse que "era coisa de criança" – Andreia comenta aumentando o desconforto da diretora.

A educadora percebe muito rápido as possíveis consequências para a sua instituição. Ao perceber a determinação clara de Celeste e Andreia por reparação, avalia que o caminho de menos dano é concordar, ainda que ofenda os pais dos meninos atacantes. Melhor perder algum cliente do que ver o nome da escola estampado em notícias escandalosas. Ela não imaginou que podia ser processada por discriminação por orientação sexual, e que qualquer estabelecimento comercial no estado de São Paulo está sujeito a sanções por demonstrar tratamento diferenciado a homossexuais.

Aquele embate termina ali, já que a diretora se declara escandalizada com tudo o que aconteceu e disposta a tomar medidas. As duas mulheres fazem uma lista detalhada de exigências, que inclui aulas a toda a escola sobre *bullying* – inclusive aos funcionários, já que a orientadora aparentemente não sabe o que é isso –, a suspensão dos meninos envolvidos por uma semana, e uma reunião com os pais para que tomem consciência das atitudes violentas de seus filhos. Com a aceitação da diretora, as duas começam a desarmar-se e respiram aliviadas. Celeste comenta num tom mais apaziguador que ficará muito feliz em ver o problema resolvido, já que gosta da escola e a considera boa para seu filho.

A diretora reconhece que a situação tornou-se perigosa e que de fato não deveria esperar que pais – ou mães – viessem reclamar. Tal tipo de perseguição é contrário à filosofia da escola, que prega igualdade e respeito pelo outro, e ela se entristece de perceber o quanto o mundo parece piorar em alguns aspectos. A diretora toma para si a tarefa de organizar seminários de treinamento dos professores contra atos de violência dentro e fora da classe e pensa num modo de deixar todos os funcionários mais alertas para qualquer manifestação desse tipo.

O *bullying* murcha quando exposto a uma firme oposição. Rubinho é trocado de período e recebe a advertência de que será expulso caso aja contra qualquer colega. O grupo liderado por ele sente-se tolhido pelo ambiente hostil e pelo afastamento do líder, deixando Heitor em paz.

O menino sente-se apoiado pela força de suas duas mães e recupera a confiança na justiça, ou pelo menos na justiça vigiada pela escola. Apesar de não saber, Heitor teve uma experiência que diminuiu a força do arquétipo do escravo dentro dele, pois viu sua mãe, também negra, movimentando a sociedade para proteger os dois contra o preconceito.

### *Ativação do poder pessoal*

Celeste resolveu bem o problema de *bullying* do filho, mas isso não significa que sua vida no trabalho ficou maravilhosa de repente. Apesar de feliz e aliviada, vê-se logo em seguida numa crise grande em seu departamento, no qual, sem que ninguém fale às claras, ela é sugerida como possível culpada por uma operação financeira que não dá certo e causa um grande prejuízo à sua agência. É comum as crises se amontoarem para testar uma nova sabedoria e parece que é isso o que acontece com Celeste.

Cria-se um grande mal-estar, já que ninguém quer assumir responsabilidade. Celeste entra no medo intenso de uma negra rodeada de brancos, e também no de uma lésbica num mundo heterossexual. É facílimo para alguém pertencente a uma minoria sentir-se perseguida quando não há apoio e carinho explícitos ao redor. Passa dois dias suando frio, muito estressada, vendo em cada olhar uma acusação de sua diferença.

Antes de sentir-se vitimada e destinada a uma inglória demissão, no entanto, nossa cara Celeste cai em si. Toma consciência de que, mais uma vez, está diante de um problema que deve ser solúvel com uma postura correta. É quase um teste para a sua dignidade de leão branco.

Ela procura um exercício para lidar com a crise. Já percebeu que o xamanismo a ajuda a passar pelas situações mais cansativas e desafiantes de outro modo, sem deixá-la cair na posição de vítima. Celeste é uma guerreira e prefere manter-se na posição de poder. Resolve utilizar o exercício da libertação da mulher selvagem.

### Exercício de libertação da mulher selvagem

Em vez de aceitarmos a opinião do mundo à nossa volta de que valemos pouco ou não somos poderosas, temos a alternativa de ir buscar nossa força interior, muito provavelmente aprisionada pela educação que recebemos.

Nossa educação nos leva a aprisionar os instintos, conter os impulsos considerados pouco aceitáveis, como a raiva. No mundo dos símbolos isso é representado pelo arquétipo da mulher selvagem, aquela que tem contato com o mais básico de nossa natureza.

Quando estamos exauridas, em geral nosso corpo está dando o aviso de que nos afastamos das nossas fontes de energia internas, entre as quais nossos instintos. Assim, procurar a mulher selvagem e estabelecer um relacionamento com ela, libertando-a caso esteja enjaulada, libera muita energia para cuidarmos de nós mesmas na vida cotidiana.

Faça esse exercício sempre que sentir que o mundo está mais poderoso do que você, o que é uma ilusão.

Vá ao seu local de empoderamento e siga toda a rotina de se acalmar e dar um tempo para uma viagem interior. Coloque um cd de tambor ou fique em silêncio. Estabeleça a intenção de encontrar sua mulher selvagem. Chame seu animal de poder e veja-se numa floresta. Peça ao seu animal guardião que a conduza até a mulher selvagem, já que ela tem a tendência de se esconder.

Ande com calma, olhando em volta. Dependendo do contato que você mantém com seus instintos, a mulher selvagem pode não se mostrar. Deixe um presente para ela, um espelho por exemplo, e volte para a sua consciência comum. Repita a viagem para encontrá-la em outro dia.

Se encontrar a mulher numa jaula, solte-a com a ajuda de seu animal de poder. Procure cuidar dela, pois na maioria dos casos ela está desgrenhada, mal alimentada, arranhada ou ferida. Cuide dela como sua intuição indicar, oferecendo-lhe conforto e amor.

Esse contato costuma provocar mudanças imediatas e radicais na vida, trazendo muita força e coragem, energia para ousar e confiança pessoal.

Você pode voltar lá na floresta e fazer agrados na mulher selvagem quantas vezes quiser, ela é uma excelente conselheira e componente essencial de seu poder como mulher.

### *A viagem de Celeste*

Celeste encontra a mulher selvagem com relativa facilidade na imaginação ativa, uma vez que, em seus combates, ela já entrou em contato com seus instintos mais básicos, inclusive a raiva, que soube canalizar para uma solução do problema com o filho. Na viagem, Celeste vê a mulher selvagem sentada na floresta, comendo frutas vermelhas e meio suja do caldo. Ela ri muito ao ver a visitante e pula de onde está, fazendo uma pequena dança em volta dela.

Celeste fica surpresa ao ver que essa mulher selvagem não está tão presa e desgrenhada quanto o exercício a fez esperar. Pergunta-lhe se é quem está procurando e ela diz que sim. Arrisca saber se a mulher pode ajudá-la.

A mulher selvagem ri e a arrasta até um rio caudaloso, onde se atira com Celeste. As duas não se afogam, saem mais adiante inteiras e a mulher leva Celeste a correr por entre pedras, pulando de uma para outra sem olhar, sem se cansarem, dando risada. Depois a mulher volta para os pés de amora e se detém para comer mais um pouco, dando algumas para Celeste.

Celeste sente-se muito bem, apesar de não ter entendido nada. Mesmo em pensamento, a mulher selvagem não disse uma única palavra.

Ao voltar à consciência comum, a moça fica pensando naquela atividade frenética. Será que ela precisa fazer uma limpeza, tomar algum banho de ervas? O que será que ela precisa fazer?

Quando se coloca essa pergunta ainda relaxada, lembrando das imagens, a resposta surge na sua mente com clareza. Ela precisa se jogar na situação sem medo, pois não irá se afogar. A situação é caudalosa, mas a dica dos instintos é se deixar levar sem parar de dar risada. As pedras também mostram que a ideia é pular os obstáculos sem se prender demais a eles, com facilidade.

E tem mais um de seus cliques de ação. No dia seguinte, chega à agência e pede para falar com seu chefe. Pergunta se ele autorizaria uma pesquisa interna para saber onde o erro ocorreu, não para responsabilizar alguém, mas para evitar que um engano parecido se repita. É óbvio que ninguém quis prejudicar a agência ou fazer algo desonesto, o escorregão foi um acidente provavelmente por conta da falta de prática com aquele tipo de operação.

Aquela postura de falar alto sobre o problema, que todos até então evitaram, e mergulhar nele de frente, sem fofocas ou bodes expiatórios, traz um alívio geral. O chefe não só a autoriza a fazer o levantamento como também muda sua perspectiva, aceitando a interpretação dela de acidente em lugar de má fé. Aos poucos a situação vai sendo desarmada sem dedos apontados para ninguém e sem inglórias demissões ou transferências.

Os problemas de Celeste evidentemente não desaparecem do dia para a noite só porque ela coloca em prática alguns preceitos do xamanismo. Problemas são parte da vida e continuam enquanto ela persiste. O que muda – e muito – é sua postura ao lidar com os obstáculos.

Em *O caminho quádruplo* (São Paulo, Ed. Ágora, 1997), Angeles Arrien comenta os três poderes do guerreiro: o poder da presença, o poder da comunicação e o poder do posicionamento.

- O da presença significa escolher nos mostrarmos. Em vez de nos encolhermos ou nos perdermos em pensamentos, podemos optar por prestar atenção e nos colocar no momento presente.
- Ao fazer isso, abrimos espaço para exercer o segundo poder do guerreiro, que é falar no tempo e local apropriados, para a pessoa certa. Não só falarmos como expressarmos com convicção aquilo que queremos de fato dizer, tal como a flecha disparada por um arqueiro.

- Para alicerçar esses dois poderes, o guerreiro toma uma posição firme, pouco se importando com os adversários. Deixa clara a sua posição em relação à questão do momento, que lado defende. Quando nos posicionamos com clareza, o universo tende a nos respeitar.

O guerreiro que existe em todos nós aflora quando honramos os outros, estabelecemos limites claros, alinhamos palavras com ações e assumimos responsabilidade pelo que queremos fazer acontecer.

# CONCLUSÃO

## A força da mulher possível

Esperamos que você tenha acompanhado nossas personagens com o mesmo prazer que tivemos ao criá-las. O que esse livro procura mostrar é que o xamanismo atua sobre as pessoas de maneiras diferentes, aparentemente estranhas e inusitadas, mas sempre levando ao crescimento e ao autoconhecimento. E que faz parte da escolha delas – da sua escolha – decidir o que fazer, a que ensinamento recorrer, quando se aprofundar ou não nessa estrada dourada.

Veja a Aline: ela começou nossa história perdida, sem tempo para nada, sentindo-se culpada pelo filho que se comportava mal na escola. O contato com seu interior – que incluiu um ataque de desespero e raiva, lembra-se? – permitiu-lhe descobrir a sua própria sabedoria, de separar o que era importante e o que não era. Todas as mudanças posteriores – a aliança com o marido, a colocação de limites para os três filhos – foram resultado de conseguir enxergar a partir de si mesma, de ter a coragem de olhar para a própria sombra. Ela despertou uma pantera poderosa que não sabia que tinha. Agora conduz sua família com mão gentil porém firme, em pé de igualdade e em parceria com o marido.

Corina, por sua vez, não tinha problemas de parceria mas sim de sentir-se sozinha, única responsável por sua filha. A grande responsabilidade de ser provedora transformou-a numa mulher de ferro, muito dura consigo mesma e inacessível para a filha. Ao experimentar o xamanismo para lidar com o isolamento da filha, com sua falta de participação na vida escolar, a mãe entrou em contato com a sua própria solidão. Ela mexeu no equilíbrio entre o masculino e o feminino, diminuindo um pouco sua forma exigente demais de lidar consigo mesma, com o trabalho e com os colegas. Diferentemente de Aline, ela não precisava despertar coragem ou colocar-se com mais clareza, porém dar espaço para seus aspectos mais suaves. O xamanismo é o caminho do coração e seus exercícios e práticas fazem circular a energia desse nosso órgão físico e espiritual.

Note que tanto Aline quanto Corina não se aceitavam, não gostavam muito delas próprias, como a maioria das mulheres que conhecemos. A busca da perfeição nos leva a rejeitar o que somos, a tratar mal a nossa essência que se expressa nessa vida. Viajar para nosso interior, acessar os símbolos que fazem sentido para nossa alma nos faz recuperar o brilho de nossa identidade verdadeira. O xamanismo é um dos caminhos possíveis para acessarmos nós mesmas, e sua força maior é ligar nossas ações humanas, nossa mente preocupada com as coisas de todo dia, com nosso interior luminoso e sagrado. É por isso, aliás, que dissemos em vários momentos desse texto e repetimos mais uma vez: o caminho do e da xamã é de respeito por si próprio, de escolhas conscientes, nunca de ser arrastado por um grupo ou um "mestre".

Rosa mostrou um outro aspecto de se trabalhar com o interior, que é o de acionar a própria força – no caso da mulher, em geral adormecida debaixo de camadas de medos e culpas –, mas levando-a a expressar-se de uma forma não agressiva, que influenciou sua família inteira. Por conta da nova visão dessa mulher madura, tanto o marido quanto a filha passaram por mudanças de consciência e de atitude. Vemos aqui um exemplo do xamanismo em ação: ele atua de dentro para fora e não "convence" ninguém de nada. Rosa não fez sermões nem forçou sua filha a fazer um workshop para ser mãe, ela foi agindo da melhor forma que compreendeu dentro de uma situação complicada, que exigia sua atenção e consciência. O fato de estar alerta e disposta a utilizar sua nova visão – no caso dela uma visão profunda e intuitiva de baleia – fez com que as pessoas em volta fossem passando por transformações sutis. Rosa não se impôs, apenas alinhou melhor suas ações e palavras com o coração, focando sempre o bem-estar do seu neto.

Bruna ilustra outro aspecto do xamanismo: ele pode ser pontual, e quando o coração pede mudança, funcionar mesmo que a pessoa faça apenas alguns exercícios e movimentos. Nossa mocinha imatura não tem ainda a mesma busca pelo poder e a sabedoria que sua mãe ou a colega dela, Corina. No entanto, sentiu-se atraída e experimentou mergulhar em viagens xamânicas sem preconceito, conseguindo resolver sua ambivalência em relação ao filho. No caso dela, talvez volte mais tarde às práticas xamânicas, mas uma visão poderosa já serviu para acionar o contato com um aspecto seu que não conhecia, o de ser mãe, e uma mãe alegre ainda por cima.

Você vê, assim, que o xamanismo pode ser leve, ter efeito mesmo num contato curto, contanto que praticado num ambiente adequado. É um caminho que pode ser trilhado por pessoas sozinhas, mas seu poder aumenta muito quando um grupo se reúne com uma motivação em comum. A força do grupo vem de uma potencialização das energias individuais de cada um, abrindo portas de modo mais rápido.

Este é um caminho prático, de realização. A ideia do xamanismo é transformar a vida que vivemos no dia a dia, não separar-se dela.

Celeste representa o ápice dos problemas que uma mulher pode ter ao ser mãe. No caso dela, há a dificuldade de integrar trabalho e vida familiar; vencer as dificuldades que existem para as mulheres em geral, que precisam agir num mundo masculino pouco propenso à parceria; e ainda lidar com o preconceito social contra sua cor e o seu próprio, internalizado; e o preconceito contra a sua orientação sexual. Ser mulher, mãe, negra e lésbica é realmente uma tarefa difícil.

Todas as mulheres, em especial as mães, se veem hoje em ambientes hostis a seus aspectos femininos, onde a cada instante a intuição é ridicularizada, a compaixão é percebida como fraqueza, os impulsos do coração vistos como irracionais. Isso nos leva a uma luta quase permanente para expressar o lado mais autêntico de nossa natureza, o que costuma ser no mínimo desgastante.

As lésbicas sentem o conflito de forma mais acentuada ainda, porque de maneira geral não são respeitadas pelas próprias famílias em que nascem, nem pelas religiões em que são criadas. Nossa sociedade nutre um especial desprezo por uma mulher que vive de maneira independente dos homens, que não coloca um namorado ou marido no centro de sua existência.

O xamanismo adota a posição milenar e sábia de que tudo em nossas vidas é de nossa responsabilidade. Se nos vemos numa situação difícil, encrencada, é porque nós nos colocamos ali, nós movimentamos as energias para nos desafiarmos daquela forma, crescermos e mudarmos. As lésbicas, dessa forma, "escolheram" estar à margem da sociedade e receber a sua repulsa para melhor compreender o masculino e o feminino e modificar as noções polarizadas a esse respeito. São almas pioneiras que pisam um chão perigoso, cheio de fendas, por onde elas abrem o difícil caminho do reconhecimento do feminino verdadeiro, não a feminilidade comercializada em nossos produtos. São mulheres que ousam viver de forma diferente a sua feminilidade, expressar de outra maneira sua relação com o masculino. E são pessoas que, desde os detalhes mais cotidianos, precisam integrar o masculino ao feminino. Se uma mãe solteira precisa ser pai e mãe ao mesmo tempo, uma lésbica precisa ser homem e mulher, assumindo o volante de sua vida sem perder sua essência feminina.

O xamanismo é um aliado poderosíssimo para trilhar caminhos ainda não traçados. Se existe um bom companheiro para o inusitado, ei-lo aqui. Não há preconceitos no xamanismo, não há padrões nem normas ou regras, essa é uma prática imersa no não-julgamento. Dessa forma, permite a quem tem coragem, ir muito além do que religiões conhecidas ensinam, ter um contato com o sagrado pessoal e personalizadíssimo, especial para aquela alma específica.

Ao utilizar esses exercícios e práticas para entrar em contato com a sua força interior, temos certeza de que você vai acionar uma maneira mais gentil e feminina de lidar consigo mesma e com os outros, em especial filhos e parceiros. Está nas suas mãos sair do fantasma da culpa e viver de forma mais feliz, aceitando-se como mulher, não um ideal perfeito de mãe e esposa e profissional, e que faz o possível dentro das suas limitações humanas para criar ambientes de parceria e luz.

O poder que o xamanismo ajuda você a acessar é de possibilidades infinitas, com o potencial de transformar a sua vida – e por consequência a de seus filhos e toda a família – numa jornada prazerosa, em celebração à alegria sagrada de viver. E dessa forma contribuir para um mundo de paz, consciente, respeitoso da energia feminina criadora.

## Respiração do recebimento e da ajuda

Gostaríamos, para finalizar, de oferecer um exercício muito simples, mas inacreditavelmente poderoso.

Temos uma tendência grande de ignorar o que é simples, como se apenas a complexidade merecesse nossa atenção, mas faz parte da maestria de lidarmos com essa vida de constantes mudanças usar o que é fácil, acessível e sem custo. A respiração é uma dessas técnicas, em especial a respiração do recebimento e a de permissão para a ajuda.

Trata-se de duas bênçãos que você concede a você mesma, todos os dias, sempre que precisar, esteja você estressada ou calma. Você dá uma ordem, com toda a consciência atenta que o xamanismo convida a desenvolver, e acredita que vai ser obedecida. Não é preciso forçar nem procurar fazer corretamente, basta apenas a intenção clara e focada. Não importa quais seres de luz vão colaborar, se você mesma ou seus arquétipos, se seu animal ou qualquer outra força benéfica. Você dá a ordem, respira e se solta.

A ordem é a de aceitar o recebimento. Respire fundo e diga a si mesma: ***Eu aceito receber tudo o que preciso.***

Repita quantas vezes quiser, não há efeitos colaterais. Outra respiração no mesmo estilo de deixar as coisas funcionarem para você é a de dar permissão para a ajuda.

Respire fundo e declare: ***Eu permito ser ajudada.***

Aceitar receber e aceitar ser ajudada estão entre as maiores dificuldades da mulher hoje, em especial aquela que se tolhe na culpa e na autocrítica. Esses dois exercícios simples são presentes que damos a você para começar a encarar tudo ao seu redor como uma dádiva divina em sua jornada de consciência.

Boa jornada!

# ÍNDICE DE EXERCÍCIOS

- ***Exercício xamânico de criação de espaço de poder:***
  Preparativos para os outros exercícios

- ***Exercício do voo da águia:***
  Como ver de forma aguda e abrangente

- ***Segundo exercício do voo da águia:***
  Como avaliar algo sem se deixar levar pelas críticas

- ***Exercício do despertar da leoa:***
  Para organizar as trocas dentro da família

- ***Como invocar a energia da leoa:***
  Para aumentar o poder pessoal e a criatividade na solução de problemas

- ***Exercício de viagem com o elefante:***
  Para aumentar a parceria dentro de casa

- ***Exercício de olhar no espelho:***
  Para se ver de fato, sem idealizações

- ***Exercício da fala do coração:***
  Comunicação empática e desarmada

- ***Exercício do colete à prova de balas:***
  Proteção nas interações afetivas agressivas

- ***Exercício da crisálida e da borboleta:***
  Metamorfose para fortalecer-se na parceria e resistir aos ataques da competição

- ***Exercício para conhecer o animal de poder:***
  Como descobrir seu animal xamânico (também chamado de aliado, parceiro ou totêmico)

- ***Exercício para lidar com seu animal de poder:***
  Como aumentar a energia vital

- ***Exercício de limites e empoderamento:***
  Como colocar ordem em casa

- ***Exercício para libertar o casal acorrentado:***
  Harmonização do masculino e do feminino

- ***Construção do totem do masculino e do feminino:***
  Ativação das energias masculinas e femininas saudáveis

- ***Condução de uma viagem xamânica:***
  Como conduzir uma sessão de imaginação ativa para outra pessoa

- ***Como entender seu animal de poder:***
  Técnicas para aumentar o contato com a energia vital

- ***Como encontrar o mestre interior:***
  Contato com o Eu Superior

- ***Sinal para chamar o mestre:***
  Código para pedir ajuda do Eu Superior

- ***Exercício de encontro com a mãe interior:***
  Contato com a fonte inesgotável do amor

- ***O círculo da parceria:***
  Como tomar decisões e resolver problemas de forma consensual

- ***Exercício do círculo de pedras sagradas:***
  Como pedir ajuda aos mestres de luz

- ***Exercício do labirinto:***
  Como detectar a solução de problemas muito graves e persistentes

- ***Exercício do retorno à cena:***
  Como compreender melhor algo visto ou sonhado

- ***Exercício de libertação da mulher selvagem:***
  Contato com a fonte instintual do poder feminino

- ***Respiração do recebimento e da ajuda:***
  Permissão para transformação

## Nossas viagens para a construção do livro

*Esse livro foi escrito de maneira xamânica. Isso quer dizer que, a cada capítulo ou parte importante, nós parávamos de escrever, batíamos o tambor com a intenção de ver o que precisávamos abordar, e fazíamos uma viagem na imaginação.*

*Sempre fizemos rituais de abertura e fechamento para nossas seções de escrita e pedimos o auxílio de seres de luz e de nossos animais de poder.*

*Se você quiser ter uma noção de como funciona, acesse o resumo de nossas viagens e o que concluímos nos sites da Editora Ground ou da Paz Geia.*

*Leve em conta que Carminha Levy é uma profissional do xamanismo com trinta anos nesse caminho e Laura Bacellar já pratica há mais de dez anos, o que faz com que nossas viagens sejam mais rápidas e cheias de símbolos do que para uma pessoa iniciante. Não se intimide com a profusão de imagens, portanto. Elas costumam aparecer na medida do nosso entendimento desta realidade mais sutil, e nas suas viagens vão interagir com você de acordo com a abertura que você der para esta experiência. Tudo no xamanismo é de acordo com a vontade e a verdadeira intenção de cada um.*

*Carminha Levy e Laura Bacellar*

# BIBLIOGRAFIA COMENTADA

ARTESE, Leo. *O voo da águia: uma iniciação aos mistérios e à magia do xamanismo.* São Paulo, Roka, 2000.

Leo Artese, um dos grandes difusores do xamanismo mais ligados às tradições indígenas brasileiras e sul-americanas, é muito respeitado no meio como mestre e comunicador. Essa obra dá as bases de sua atuação.

D'ÁGUIA, Maria. *O caminho da Deusa.*

Relato do caminho de Santiago de Compostela levando em conta a influência das quatro direções sagradas, um dos princípios xamânicos mais básicos e interessantes.

LEVY, Carminha. *Xamanismo matricial: as cartas sagradas da Madona Negra & divino Espírito Santo.* São Paulo, Ed. Outras Palavras, 2002.

Essa obra faz um resumo da passagem do matriarcado para o patriarcado e o que aconteceu com os símbolos das Grandes Mães, que passaram a ser reverenciadas de forma oculta e depois criastianizadas na forma de Madonas. O livro contém ainda um baralho de cartas para consulta dos atributos da Madona e do Espírito Santo em cada momento.

LEVY, Carminha e MACHADO Álvaro. *A sabedoria dos animais: viagens xamânicas e mitológicas.* São Paulo, Ground, 1995.

O significado de dezenas de espécies de animais de poder xamânicos, com ilustrações e dados zoológicos além de simbólicos.

ARRIEN, Angeles. *O caminho quádruplo: trilhando os caminhos do guerreiro, do mestre, do curador e do visionário.* São Paulo, Ed. Ágora, 1997.

Uma obra excelente para introduzir alguns fundamentos do neo-xamanismo, como a impecabilidade do guerreiro e as várias atitudes e intenções necessárias para se avançar neste caminho mágico, segundo tradições xamânicas do mundo inteiro.

ELIADE, Mircea. *O xamanismo e as técnicas arcaicas do êxtase.* São Paulo, Martins Fontes, 1998.

Tese de doutorado defendida nos anos 1930, ainda é uma das referências essenciais da história do xamanismo. O autor fez um levantamento exaustivo de práticas existentes em variadas culturas e as comparou, promovendo uma visão panorâmica das técnicas de alteração da consciência.

Andrews, Ted. *Animal speak: the spiritual & magical powers of creatures great & small.* St. Paul, Llewellyn Publ., 2002.

Livro infelizmente não traduzido mas muito interessante e abrangente no comentário que faz das características dos animais e de sua relação simbólica com as pessoas que os veem ou os tem como animais de poder.

Eisler, Riane. *O cálice e a espada: nosso passado, nosso futuro.* São Paulo, Palas Athena, 2008.

Obra clássica sobre o matriarcado e os valores presentes nas sociedades antigas anteriores à ascensão do patriarcado. Cuidadoso estudo da história e da arqueologia, com significados muito interessantes e atuais para nosso mundo hoje.

Eisler, Riane. *O poder da parceria.* São Paulo, Palas Athena, 2008.

A mesma autora de *O cálice e a espada* propõe um novo tipo de relacionamento entre as pessoas, no trabalho, na sociedade e com o meio-ambiente, baseado em valores de parceria como já desenvolvido em sociedades antigas em lugar de competição, dominação pela força e hierarquia.

Penna, Lucy. *Aparecida do Brasil: a Madona Negra da abundância.* São Paulo, Paulus, 2009.

Estudo sob a ótica junguiana do arquétipo da Madona Negra, que no Brasil se revela como Nossa Senhora de Aparecida, focando a necessidade de unirmos o instintual – o corpo – à cabeça – nosso raciocínio.

Perry, Foster. *O despertar de um xamã: quando um raio atinge um beija-flor.* São Paulo, Ground, 2004.

A história pessoal de um xamã norte-americano muito amigo de Carminha mostra como são curiosos os caminhos da sincronicidade e da descoberta de poder xamânico.

Harner, Michael. *O caminho do xamã: um guia de poder e cura.* São Paulo, Cultrix, 1980.

Uma obra para lá de clássica, principal introdutora do neo-xamanismo no mundo ocidental, explicando com clareza os efeitos do toque do tambor e das viagens xamânicas.

Silveira, Nise da. *Jung: vida e obra.* São Paulo, Paz e Terra, 1997.

Um apanhado geral de toda a obra de Carl Gustav Jung, muito sintético e objetivo, comentando o significado de suas descobertas. Ideal para introduzir o assunto para leigos.

# SOBRE AS AUTORAS

 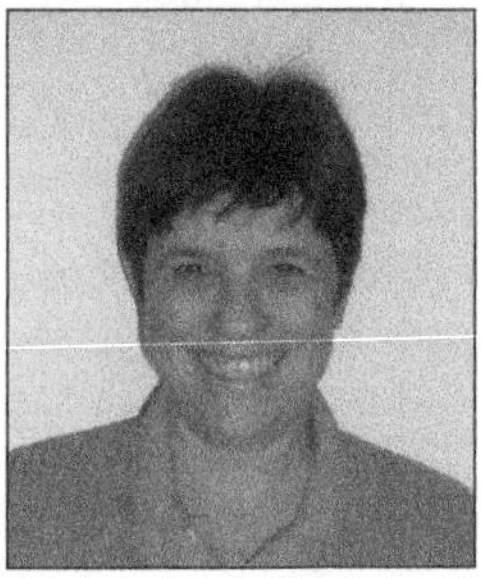

CARMINHA LEVY tem cinquenta anos de experiência como pedagoga e psicóloga. Todas as personagens citadas nessa obra são ficcionais, porém, baseadas em pessoas reais, atendidas por ela. As transformações, assim como as mudanças de consciência, aconteceram de maneira até mais dramática com suas clientes.

Carminha é psicóloga transpessoal, psicodramatista, terapeuta corporal, arte terapeuta e mestra xamã, iniciada por Michael Harner, em Esalen, na Califórnia, 1981. É criadora do *Xamanismo matricial*, uma vertente das práticas xamânicas que restaura o poder do feminino e tem como figura arquetípica a Madona Negra. Trabalha primordialmente com a Mãe Terra, a Mãe Cósmica e as formas de agir pela parceria, no caminho do coração.

Em 1990, fundou a Paz Geia - Instituto de Pesquisas Xamânicas, www.pazgeia.org.br, a primeira escola de *Neo-xamanismo* no Brasil. Por lá passaram centenas de estudantes, muitos dos quais tornaram-se xamãs e abriram seus próprios espaços. A escola se dedica à cultura da paz, uma vez que seu símbolo, recebido em uma viagem xamânica de Carminha, veio acompanhado do lema *piece of peace* (pedaço da paz). Sua intenção é de que cada pessoa seja um pedaço de paz universal.

Dá cursos de *Xamanismo matricial* em várias cidades do Brasil, na Europa e nos Estados Unidos. É didata de *Xamanismo* para o Brasil e Portugal na Unipaz - Universidade da Paz. É terapeuta individual e grupal, unindo o xamanismo à psicologia.

É casada desde 1958, teve seis filhos e onze netos, um dos quais ela cria como mãe.

Muitos dos dilemas abordados nessa obra foram vividos por ela em primeira pessoa.

*Carminha Levy* é também autora de dois outros livros sobre xamanismo: ***Xamanismo matricial: as cartas sagradas da Madona Negra & divino Espírito Santo*** (São Paulo, Ed. Outras Palavras, 2002), onde desenvolve uma pesquisa sobre a passagem do matriarcado para o patriarcado e o que aconteceu com os símbolos das Grandes Mães, que começaram a ser reverenciadas de forma oculta e depois cristianizadas na forma das *Madonas Negras*. Contém um baralho de cartas para consulta dos atributos da *Madona Negra* (N. Sra. Aparecida) e do Espírito Santo em cada momento e, com Álvaro Machado, ***A sabedoria dos animais: viagens xamânicas e mitológicas*** (São Paulo, Ground, 1995), no qual elucida o significado de dezenas de espécies de animais de poder xamânicos, com ilustrações e dados zoológicos além de simbólicos.

LAURA BACELLAR é escritora e editora de livros, sendo praticante de *Xamanismo* desde 1998.

Desenvolve um trabalho com novos autores através do site www.escrevaseulivro.com.br, tendo publicado *Escreva seu livro — guia prático de edição e publicação* (São Paulo, Mercuryo, 2001).

É pioneira na difusão de cultura para minorias sexuais, tendo sido uma das coordenadoras do grupo exclusivamente de mulheres Umas & Outras, em São Paulo, e sendo uma das sócias da Editora Malagueta, www.editoramalagueta.com.br, a primeira editora de livros da América Latina dedicada especificamente às mulheres homossexuais.

É autora de variadas obras, desde infantis até adultas, inclusive *Mãe d'água*, uma história juvenil escrita com o índio Tkainã sobre a cultura dos cariris, dando ênfase às suas tradições xamânicas.

## Leia da Editora Ground

**A ÁRVORE FAMILIAR**
Como a ordem do nascimento define a personalidade do seu filho
*Denny Johnson e Edith Cuffe*

O número da sequência do nascimento determina o padrão de personalidade inata e o tipo físico de cada criança. Embora cada filho tenha uma combinação única de características próprias da árvore familiar, existem traços universais comuns a cada número de ordem de nascimento. Padrões culturais, sociais e da árvore familiar modificarão as características, mas a força universal da ordem do nascimento se mantém constante.

**AUTO-ESTIMA**
A chave para a educação do seu filho
*Tony Humphreys*

A autoestima das crianças é essencial para o seu desenvolvimento educacional. A resolução de conflitos nos lares e a elevação da autoestima das crianças são as principais responsabilidades dos pais e determinam não só o desenvolvimento educacional dos filhos mas também o seu desenvolvimento emocional, social e sexual. Este livro oferece formas testadas e aprovadas para alcançar os melhores objetivos neste campo de ação.

**HISTÓRIAS REAIS DE REENCARNAÇÕES**
*Clara de Almeida*

O percurso das almas é um processo misterioso e complexo regido por leis tão rigorosas quanto aquelas que nos regem no plano da vida na matéria. A aurora relata as principais regressões que vivenciou e analisa o papel que estas desempenharam no seu processo de expansão de consciência, assim como as lições que aprendeu sobre as Leis Espirituais que nos regem e as descobertas que fez, a partir de regressões que acompanhou e de outras que conduziu.

## ESCUTE O SEU CORPO

O melhor amigo que você tem na terra

*Lise Bourbeau*

O corpo é o arquivo e o retrato mais vivo da forma como interpretamos a vida, e revela, se prestarmos atenção, os segredos do nosso comportamento e atitudes. Ele é também a nossa conexão real com vários planos de existência que se interceptam constantemente, enviando sinais para nós. Este livro ensina a ter cons-ciência desse processo — já que podemos mudar e elevar a nossa relação com a vida simplesmente prestando atenção em nós mesmos.

## OS CÓDIGOS DA ALMA

No grande jogo das frequências

*Filomena Amoroso e Simone Galib*

Obra espiritual que fala sobre sintonias e frequências relacionando--as ao trânsito das emoções humanas. Neste trajeto, vários códigos se apresentam para ajudar a interpretar as diversas situações da vida que passam pela ação, a integridade, a paciência, a transformação, a harmonia, a fé... Sinalizando sem dar receitas, esta obra conduz cada pessoa a sentir, mesmo que intuitivamente, que vale a pena acreditar em nós mesmos.

## A CASA TERAPÊUTICA

Como replanejar a casa pode mudar sua vida

*Kathryn L. Robyn e Dawn Ritchie*

Mais do que apenas um lugar para viver, uma *casa terapêutica* pode alimentar o espírito, amenizar as montanhas-russas emocionais dos ocupantes e lhes dar a força que precisam para fazer as mudanças necessárias em sua vida. Este livro ajuda cada pessoa a descobrir o seu estilo pessoal mas também a resolver as áreas problemáticas da sua casa, levando-a a se conhecer melhor — tanto no plano emocional quanto no plano prático.